50 EXERCICES POUR PRATIQUER LES ACCORDS TOLTÈQUES

Groupe Eyrolles
61, Bd Saint-Germain
75240 Paris Cedex 05
www.editions-eyrolles.com

Avec la collaboration de Guillaume Clapeau

ISBN : 978-2-212-56427-3

Virgile Stanislas Martin

50 EXERCICES POUR PRATIQUER LES ACCORDS TOLTÈQUES

EYROLLES

À mes enfants

SOMMAIRE

INTRODUCTION

« Peu importe le chemin : tous les chemins se valent ; l'important est de suivre un chemin qui a du cœur ! »

Carlos Castaneda

Dans le panorama des approches spirituelles, la voie toltèque nous propose un « chemin qui a du cœur », pour reprendre l'expression de Carlos Castaneda. Ce chemin qui nous est présenté par Don Miguel Ruiz, *nagual* (maître) toltèque, accompagné de ses fils Don José et Don Miguel Jr., conduit à la libération personnelle.

La civilisation toltèque est apparue en Amérique du Sud entre 900 et 1160 après J.C., précédant celle des Aztèques. Elle était certes composée de guerriers, mais aussi d'artisans et d'architectes hors pair et fut le berceau d'une société secrète composée de « femmes et hommes de connaissance » dont l'enseignement spirituel a perduré. C'est cet enseignement que Don Miguel Ruiz et ses fils nous révèlent à travers plusieurs livres dont le célèbre *Les Quatre Accords toltèques*[1].

Dans ses ouvrages, Don Miguel Ruiz nous explique qu'au cours de notre éducation, nous avons été « domestiqués » pour apprendre à « rêver » (à vivre dans l'illusion) et à nous adapter au « rêve de la planète ». Ce faisant nous avons adopté un certain nombre de croyances, de règles et de limitations auxquelles nous avons donné notre « accord ».

La voie toltèque nous propose un chemin de libération personnelle représenté par trois maîtrises : la maîtrise de l'attention (pour devenir conscients des accords limitants que nous avons pris), la maîtrise de

1. *Les Quatre Accords toltèques*, Don Miguel Ruiz, Jouvence, 1999.

la transformation (qui consiste à adopter de nouveaux accords – les accords toltèques – pour reprogrammer notre mental), et la maîtrise de l'amour (pour nous libérer du parasite du mental).

Les accords toltèques sont au nombre de quatre : « Que votre parole soit impeccable. », « N'en faites jamais une affaire personnelle. », « Ne faites aucune supposition. » et « Faites toujours de votre mieux. » Un cinquième accord vient ensuite les compléter : « Soyez sceptique, mais apprenez à écouter. » Les exercices qui suivent ont été conçus pour vous aider à pratiquer les accords toltèques et vous accompagner sur le chemin de cette voie de libération personnelle.

« Le chemin de la sagesse ou de la liberté est un chemin qui mène au centre de son propre être. »

Mircea Eliade

CHAPITRE 1
QUE VOTRE PAROLE SOIT IMPECCABLE

« Parlez avec intégrité. Ne dites que ce que vous pensez vraiment. Évitez d'utiliser la parole pour vous exprimer contre vous-même ou pour médire d'autrui. Utilisez la puissance de la parole dans le sens de la vérité et de l'amour. »

Don Miguel Ruiz

Ce premier accord porte sur le langage, sur notre manière de communiquer et plus généralement sur notre attitude dans notre relation à l'autre, au monde et à nous-mêmes. Il porte également sur les notions de défaut et de perfection. L'adjectif « impeccable » vient du latin *peccare* (pécher) qui signifie « manquer la cible », « s'égarer », « être dans l'erreur » ou encore « s'éloigner de Dieu ».

Ainsi donc, la « parole impeccable » est une « parole juste[1] », vivante et vraie. Elle consiste à dire la vérité, à avoir un langage pacifique et correct, absent de bavardages et de critiques. Elle est vivante car elle nourrit la relation, et elle est vraie car elle favorise l'authenticité.

Il est bon de se souvenir que la parole est créatrice. Certaines paroles sont en effet performatives (« Certains énoncés sont en eux-mêmes

1. La « parole juste » fait partie de ce que les bouddhistes nomment l'« octuple sentier », voie menant à la cessation de la souffrance et à l'ultime libération.

l'acte qu'ils désignent[1]. ») comme par exemple « Je vous déclare unis par les liens du mariage ». D'autres engendrent des conséquences – agréables (« je t'aime ») ou désagréables (« je te quitte ! ») – en fonction de leur contenu.

C'est pourquoi avoir une parole impeccable ne consiste pas simplement à surveiller son langage, mais aussi à changer d'attitude.

Exercice n° 1 : Le silence est d'or

« Si ce que tu as à dire n'est pas plus beau que le silence, alors tais-toi. »

Proverbe arabe

Ce proverbe trouve son équivalent dans tellement de civilisations et sous tellement de formes qu'on aurait bien du mal à lui donner tort. En effet, la meilleure manière d'éviter de dire des inepties ne serait-elle pas tout simplement de se taire ?

Vous connaissez l'expression « tourner sa langue sept fois dans sa bouche avant de parler » ? Et si vous la mettiez en pratique pendant une semaine entière ?

Prenez une profonde inspiration pour trouver le calme. Puis comptez mentalement jusqu'à sept avant de dire quoi que ce soit, en toute circonstance.

1. *Quand dire c'est faire*, John Langshaw Austin, Le Seuil, 1991.

Notez vos impressions ci-dessous. Qu'avez-vous appris de cette expérience ? Qu'est-ce qui a été difficile ? Pourquoi ?

Commentaire

Prendre le temps avant de parler est important car cela vous permet de sortir de la « parole automatique », de la « parole réflexe », pour aller vers une « parole consciente ». Vous vous offrez ainsi un temps de réflexion, un espace d'écoute à l'autre, à soi et à la relation.

Pour être impeccable, la parole doit en effet être consciente. Prendre le temps de réfléchir avant de parler augmente la qualité d'écoute et de communication. La relation en bénéficie forcément.

Exercice n° 2 : Les mauvaises habitudes de communication

«Il faut écouter ceux qui parlent, si on veut en être écouté.»

François de La Rochefoucauld

La parole impeccable demande avant tout d'éradiquer les mauvaises habitudes de communication[1] qui pourraient la polluer. Mais quelles sont exactement ces mauvaises habitudes ?

Reliez les définitions et les exemples ci-après

1. D'après *Parents efficaces*, Thomas Gordon, Marabout, 2013.

1. Donner des ordres, diriger, commander
2. Avertir, mettre en garde, menacer
3. Moraliser, prêcher, faire la leçon
4. Conseiller, donner des suggestions ou des solutions
5. Argumenter, expliquer, persuader par la logique
6. Juger, critiquer, exprimer son désaccord, blâmer
7. Complimenter, évaluer positivement, approuver
8. Étiqueter, ridiculiser, faire honte
9. Interpréter, psychanalyser, diagnostiquer
10. Rassurer, sympathiser, consoler, soutenir
11. Enquêter, questionner, interroger
12. Esquiver, distraire, faire de l'humour

A. *« Arrête de te plaindre ! », « Commencez par vous lever tôt le matin. », « Faites du sport. »*

B. *« Et si on parlait d'autre chose ? », « Mets ça de côté et concentre-toi sur tes études. », « Au moins, toi, tu peux faire ce que tu veux maintenant qu'elle est partie. »*

C. *« Je suis certain que tu peux réussir. », « Je crois que tu as raison. », « C'est bien. »*

D. *« Moi, à ta place, je lui téléphonerais. », « Pourquoi est-ce que vous ne feriez pas le premier pas ? », « Tu n'as qu'à t'y prendre autrement. »*

E. *« Ne t'inquiète pas, ça va s'arranger. », « Tout le monde passe par des hauts et des bas. », « C'est pas si terrible ! »*

F. *« Quand as-tu commencé à faire ce régime ? », « Où irais-tu si tu partais ? », « Pour quelle raison voulez-vous démissionner ? »*

G. *« S'il était d'accord, vous le sauriez, non ? », « C'est bien la preuve que tu ne peux rien y faire », « Il y a X % de célibataires, vous n'êtes pas un cas isolé. »*

H. *« Si tu tiens à ta santé, arrête de fumer. », « Si tu continues comme ça, tu vas le regretter. »*

I. *« Tu as tort de penser comme ça. », « Je ne vous trouve pas très courageux. », « C'est pas très aidant de penser comme ça. »*

J. *« Tu es ridicule d'avoir peur. », « Vous êtes un grand stressé. », « Tu parles comme ta mère ! »*

K. *« Tu ne devrais pas te faire du souci. », « Il faut faire confiance à la vie. », « Vous feriez mieux d'y réfléchir. »*

L. *« Vous dites cela parce que vous êtes jaloux. », « Tu dis ça, mais au fond de toi tu n'y crois pas. », « C'est depuis que tu as subi cet échec que tu penses à déménager. »*

Parmi les douze habitudes de communication précédentes, quelles sont les trois auxquelles vous avez le plus souvent recours ?

1 ....

....

....

....

2 ....

....

....

....

3 ....

....

....

....

Commentaire

Correction : 1A ; 2H ; 3K ; 4D ; 5G ; 6I ; 7C ; 8J ; 9L ; 10E ; 11F ; 12B

Les « habitudes de communication » ne sont pas mauvaises en soi. Toutefois, si elles correspondent à des réponses stéréotypées, elles empêchent d'avoir une communication vivante et peuvent entraver les relations. Elles nous éloignent de « l'écoute active », qui fait l'objet de l'exercice n° 3.

Exercice n° 3 : L'écoute active

« La chose la plus importante en communication est d'entendre ce qui n'est pas dit. »

Peter Drucker

Entendre et écouter sont deux choses bien différentes. Et savoir écouter activement est un prérequis à la parole impeccable. Mais savez-vous vraiment en quoi consiste l'écoute active ?

Déterminez si la réponse de l'interlocuteur porte sur le message ou sur la personne.

	Affirmation/question	Réponse	Message	Personne
	Quand est-ce qu'on mange ?	*Dans une demi-heure.*	**X**	
		Tu as déjà faim ?		**X**
1	J'ai peur des loups.	C'est stupide, il n'y a pas de loup ici !		
2	Je ne vais pas tenter le concours.	Tu as peur de ne pas y arriver ?		
3	Je ne sais pas quoi faire.	Tu te sens perdu ?		
4	Elle me manque.	Oublie-la donc, elle n'était pas pour toi !		
5	Je ne veux plus le revoir.	Tu es en colère ?		
6	Chloé m'a volé mes bonbons.	Pourquoi t'es-tu laissé faire ?		
7	Tu ferais quoi à ma place ?	J'accepterais le poste, c'est sûr.		
8	Je n'ai pas eu de promotion.	Tu es déçu ?		
9	Si je gagnais au loto…	Arrête de rêver !		
10	J'ai envie de mourir.	Tu dois être bien malheureuse pour dire cela.		

Commentaire

Correction : 1M (message) ; 2P (personne) ; 3P ; 4M ; 5P ; 6M ; 7M ; 8P ; 9M ; 10P

L'écoute active[1] consiste à répondre davantage à la personne qu'à son message. En effet, répondre uniquement au message peut nous amener à rater la cible, car le message compris par l'interlocuteur est rarement l'expression de son besoin. Chaque interlocuteur possède en effet son propre système de référence (basé sur des conventions sociales ou sur ses propres expériences de vie) à travers lequel il code ou décode ce qu'il dit ou ce qu'il entend ; cela peut créer un décalage si l'on se fie juste à ce qui est dit et pas à ce qui est ressenti. Répondre à la personne permet de prendre en compte ses besoins et émotions.

Exercice n° 4 : Sur un malentendu, ça ne marche jamais

« Le langage est source de malentendus. »

Antoine de Saint-Exupéry

La langue française regorge de vocabulaire et de nuances. Rares sont les mots qui signifient strictement la même chose. Or, par souci de simplifier, par habitude ou par méconnaissance, nous n'utilisons pas toujours les termes idéaux pour communiquer au mieux ce que l'on pense ou ce que l'on ressent. Et cela peut causer des malentendus qui nuisent à la parole impeccable.

1. *Parents efficaces*, Thomas Gordon, Marabout, 2013.

Définissez les mots suivants.

Quelle différence faites-vous entre complexe et compliqué ?

....

....

....

Quelle différence faites-vous entre refus et rejet ?

....

....

....

Quelle différence faites-vous entre force et puissance ?

....

....

....

Quelle différence faites-vous entre savoir et connaissance ?

....

....

....

Quelle différence faites-vous entre manipulation et influence ?

....

....

....

Commentaire

Correction[1] :

Complexe : Qui contient plusieurs parties ou plusieurs éléments combinés d'une manière qui n'est pas immédiatement claire pour l'esprit.	Compliqué : Qui est difficile à démêler, à comprendre.
Refus : Action de refuser ce qui est offert, proposé, demandé, fourni, etc. (On refuse quelque chose.)	Rejet : Action de rejeter. (On rejette quelqu'un.)
Force : Vigueur physique d'un être animé, de son corps ; capacité qu'il a de fournir un effort physique ; énergie.	Puissance : Intensité d'un phénomène ; efficacité de quelque chose en rapport avec les moyens disponibles.
Savoir : Ensemble cohérent de connaissances acquises au contact de la réalité ou par l'étude.	Connaissance : Action, fait de comprendre, de connaître les propriétés, les caractéristiques, les traits spécifiques de quelque chose.
Manipulation : Action d'orienter la conduite de quelqu'un ou d'un groupe dans le sens qu'on désire et sans qu'ils s'en rendent compte.	Influence : Action, généralement continue, qu'exerce quelque chose sur quelque chose ou sur quelqu'un ; ascendant de quelqu'un sur quelqu'un d'autre.

1. D'après *www.larousse.fr*.

À travers ces quelques exemples, on voit bien que chaque mot a un sens qui lui est propre. Or, nous employons abusivement l'adjectif « compliqué » (difficile) pour décrire une situation « complexe » (dont le sens n'est pas immédiatement perceptible), nous prenons souvent un refus (qui porte sur une demande) pour un rejet (qui porte sur nous), etc.

Une parole impeccable nécessite de porter une attention particulière aux mots que nous utilisons, afin d'éviter les contresens et les malentendus qui sont source d'erreurs et de conflits.

Exercice n° 5 : Zéro critique

« Ne critiquez pas, ne condamnez pas, ne vous plaignez pas[1]. »

Dale Carnegie

Dans certaines situations, nous nous sentons obligés de critiquer l'autre pour lui « rendre service », l'aider à évoluer ou, du moins, à se corriger : « Ton gâteau est excellent, c'est dommage qu'il soit trop cuit… », « Tu arrives toujours en retard à nos rendez-vous… », « On ne dit pas "chevals", mais "chevaux"… », etc. Et si, pour changer, vous gardiez vos critiques pour vous ?

La prochaine fois que vous avez envie d'adresser des reproches ou une critique à quelqu'un, tentez une expérience : abstenez-vous et observez ce qui se passe…

1. *Comment se faire des amis*, Dale Carnegie, Le livre de poche, 1975.

Après avoir observé l'effet de votre absence de critique, notez vos impressions ci-dessous. Qu'avez-vous appris de cette expérience ? Qu'est-ce qui a été difficile ? Pourquoi ?

....

....

....

Commentaire

La plupart des gens pensent que critiquer l'autre est constructif et « pour son bien ». En réalité, la critique est rarement constructive, et par conséquent notre interlocuteur n'en retire aucun bénéfice. Au contraire, il va se sentir accusé, jugé, se mettre sur la défensive, prêt à se justifier et passer à côté d'une chance d'évoluer. Pire, il peut se sentir dévalorisé.

Posez le stylo rouge : il n'y a rien à corriger. Ce n'est pas grave. La personne qui est là est plus importante que ce qu'elle dit ou ce qu'elle fait. Elle est déjà parfaite… tout comme vous !

★ Exercice n° 6 : Il paraît que… Et alors ?

« La rumeur est la fumée du bruit. »

Victor Hugo

Qui n'a jamais lu la presse à scandales, se délectant des petits malheurs supposés de nos célébrités ? Qui n'a jamais colporté quelques ragots sur ses collègues de travail ou le canard boiteux de sa famille ? Vous ? C'est très bien (même s'il paraît que vous n'êtes jamais en reste pour critiquer Jacqueline et la relation extra-conjugale qu'on lui prête...). Et si tout cela n'était finalement que médisance ?

Prenez un crayon, installez-vous confortablement et suivez les instructions ci-dessous :

1. Listez toutes les rumeurs que l'on vous a rapportées (prenez des exemples dans votre entourage).

Exemple : « On dit que la nouvelle voisine est en dépression. »

....
....
....
....
....
....
....
....
....

2. Parmi ces rumeurs, quelles sont celles qui sont négatives et que vous avez contribué à propager.

Exemple : « On dit que Joëlle, la secrétaire, est dépressive. »

....
....

....

....

....

....

....

3 Reprenez ces rumeurs négatives, et cherchez quelque chose de positif concernant chaque personne concernée.

Exemple : « Joëlle est très sympathique et efficace. »

....

....

....

....

....

....

....

Commentaire

Lorsque vous êtes face à une rumeur négative, vous avez deux possibilités : la propager et aller dans le sens du courant (même s'il s'agit d'un courant négatif) ou bien la stopper en la contrebalançant par une « contre-rumeur » positive.

Avoir une parole impeccable, c'est ne pas médire, ni propager de rumeurs.

Exercice n° 7 : Sans peur, et surtout sans reproches

« Les gens vous demandent une critique alors qu'ils ne cherchent que des compliments. »

Somerset Maugham

Pour éviter de faire des critiques ou des reproches aux autres, ne serait-il pas souhaitable de commencer par reconnaître leurs qualités ?

Nommez trois personnes qui possèdent des défauts agaçants ou qui vous ont fait du tort. Puis cherchez trois qualités ou aspects positifs les concernant.

Nom	Défauts/Reproches	Qualités/Aspects positifs
Paul	*Il est psychorigide et contrôlant.*	*Il m'a donné ma chance professionnellement.* *Il est perfectionniste et passionné.*

Commentaire

En vous habituant à trouver des côtés positifs à des personnes qui possèdent des défauts, vous pourrez enrayer des conversations négatives, par exemple :

– Votre interlocuteur : « Pierre est vraiment malhonnête, c'est comme cela qu'il réussit. »

– Vous : « Il est aussi travailleur et intelligent, ce qui n'est pas donné à tout le monde... »

En vous focalisant sur le positif des gens, il vous sera plus facile de leur pardonner leurs méfaits à votre égard, et finalement de tourner la page.

Avoir une parole impeccable ne consiste pas seulement à ne pas dire du mal de quelqu'un, mais à avoir une attitude positive faite d'amour et de compassion. Si vous n'arrivez pas à dire du bien de quelqu'un qui vous a fait du tort, c'est que vous ne lui avez pas pardonné et que vous êtes encore lié à cette personne par des émotions négatives.

Exercice n° 8 : Miroir, mon beau miroir

« L'homme est le miroir de l'homme. »

Proverbe turc

Inconsciemment, nous utilisons souvent les autres comme un miroir. Mais l'image que nous renvoie le miroir est-elle vraiment celle que l'on pense ?

Prenez un crayon, installez-vous confortablement et suivez les instructions ci-dessous :

1. Pensez à une personne qui vous est antipathique et notez tout ce que vous lui reprochez.

Exemple : « Jean est un mauvais père. »

....

....

....

....

2 Reprenez chaque reproche et voyez ce que chacun d'entre eux révèle à *votre* sujet.

Exemple : « Depuis que j'ai repris le travail, je culpabilise d'être une mauvaise mère. Le sujet de la parentalité est sensible pour moi. »

....

....

....

....

....

3 Puis choisissez une autre personne et faites à nouveau l'exercice.

Commentaire

Les commentaires ou les critiques que nous faisons sur l'autre sont souvent des projections de notre « part d'ombre ». Cette part d'ombre est constituée de tout ce que nous refusons de voir en nous, aussi bien nos qualités que nos défauts. Comme l'a écrit le pasteur Emmet Fox : « Avez-vous jamais remarqué qu'après avoir condamné quelqu'un d'autre (…) vous vous êtes surpris en train de commettre la même faute ? Le Maître a dit avec sagesse : ne jugez point ! »

Ce mécanisme de projection est souvent la source de pensées et de paroles négatives à l'encontre des autres. En apprenant à « apprivoiser son ombre[1] », il nous sera plus facile de respecter le premier accord toltèque.

Exercice n° 9 : L'honnêteté radicale

« Je conseille vivement aux gens de dire la vérité, car tout leur stress vient de leurs mensonges[2]. »,

Brad Blanton

L'honnêteté : une vertu, une valeur, une règle, un concept... ? Non, un véritable mode de vie !

Répondez, bien sûr en toute honnêteté, aux questions suivantes.

1. Listez trois choses vous concernant, mais que vous n'osez pas partager.

Exemple : « J'ai fait une dépression. », « Il m'arrive de douter de moi. », « Je n'aime pas mon corps. »...

....

....

1. *Apprivoiser son ombre*, Jean Monbourquette, Bayard, 2015.
2. *L'honnêteté radicale*, Brad Blanton, éditions Louise Courteau, 2009.

....

....

② Que se passerait-il si vous osiez partager cela ?

Exemple : « Les gens pourraient se moquer de moi, ne plus avoir confiance, me rejeter... »

....

....

....

....

③ Si quelqu'un vous disait cela, que penseriez-vous de lui ?

Exemple : « Je trouverais qu'il a du courage, je penserais qu'il est suffisamment fort pour oser en parler... »

....

....

....

....

Commentaire

« Je jure de dire la vérité, toute la vérité, rien que la vérité », telle pourrait être la devise de l'honnêteté radicale. Brad Blanton postule que la principale source de souffrance psychologique est le manque d'honnêteté envers les autres et envers soi-même. En voulant protéger les autres ou se protéger soi-même de la vérité, on entretient une relation inauthentique génératrice de stress et de mal-être. Sa recommandation est de dire la vérité en toute circonstance. Cela ne signifie pas de dire n'importe quoi n'importe comment. Il s'agit avant tout de parler de soi (« message-je ») plutôt que de dire tout ce qui nous traverse l'esprit concernant l'autre (« message-tu »). Cela nécessite du courage, mais renforce la congruence et la confiance en soi. L'honnêteté radicale commence par soi-même.

Exercice n° 10 : Dire ou ne pas dire…

« Le silence est la plus grande persécution ; jamais les saints ne se sont tus. »

Blaise Pascal

Le silence est d'or… mais il n'est pas toujours juste. Il est des fois où la parole se révèle indispensable. Mais dans quelles situations ?

Répondez le plus honnêtement possible aux questions suivantes.

1. Dans quelle(s) circonstance(s) avez-vous gardé le silence face à l'injustice ?

Exemple : « Ma collègue de travail a été injustement réprimandée et je ne suis pas intervenu pour la défendre. »

....

....

....

....

Qu'allez-vous faire pour rectifier cela ?

Exemple : « Je vais parler au manager et lui expliquer ce qui s'est vraiment passé. »

....

....

....

....

2 Dans quelle(s) circonstance(s) avez-vous gardé le silence au lieu de vous affirmer ?

Exemple : « Un ami me doit de l'argent et je n'ose pas le lui réclamer. »

....

....

....

....

Qu'allez-vous faire pour rectifier cela ?

Exemple : « Je vais appeler mon ami et lui demander de me rembourser. »

....

....

....

....

3 Dans quelle(s) circonstance(s) avez-vous gardé le silence pour « protéger » quelqu'un ?

Exemple : « Je n'ai pas dit à mes enfants que leur grand-mère était alcoolique. »

Qu'allez-vous faire pour rectifier cela ?

Exemple : « Je vais avoir une discussion avec mes enfants et leur dire qui était vraiment leur grand-mère. »

Commentaire

Avoir une parole impeccable ne veut pas dire se taire en adoptant une attitude complice (« qui ne dit mot consent »), timorée (absence de positionnement), ou mensongère (mensonge par omission). En effet, le silence peut être impeccable et respectueux, ou lâche et malhonnête en fonction de l'usage que l'on en fait. Les accords toltèques nous invitent à faire un usage juste et approprié de la parole ;

il en va de même du silence. Avoir une parole impeccable ne doit pas nous empêcher de dénoncer l'injustice, de nous affirmer, ni de révéler la vérité. Marshall Rosenberg, le créateur de la Communication non violente (CNV[1]) disait d'ailleurs qu'il n'est pas interdit de crier en CNV ; il ne s'agit pas d'être gentil, mais de parler vrai[2]. De même, les secrets de famille, au lieu de protéger, ne font que véhiculer de la souffrance.

Exercice n° 11 : L'épée du chevalier

« Le tranchant aigu d'une lame fait une vive blessure ; les mauvaises paroles causent une blessure plus difficile encore à cicatriser. »

Proverbe chinois

La parole, comme l'épée, est à double tranchant. Attention à ne pas la manier inconsidérément.

Imaginez que vous êtes un chevalier toltèque[3]. Dans l'espace ci-après, dessinez votre épée de chevalier, telle que vous l'imaginez.

1. *Les mots sont des fenêtres (ou bien ce sont des murs)*, Marshall Rosenberg, La Découverte, 2004.
2. *Cessez d'être gentil, soyez vrai*, Thomas d'Ansembourg, éditions de l'Homme, 2004.
3. *Les accords toltèques, une chevalerie relationnelle*, Olivier Clerc, Guy Trédaniel, 2014.

Observez votre épée, telle que vous l'avez dessinée. Est-elle petite ou grande ? S'agit-il d'une vraie épée ou d'une épée factice (en bois ou en plastique) ? Cette épée vous sert-elle à vous défendre, à attaquer ? Savez-vous la manier ou vous arrive-t-il de vous blesser ou de vous couper avec ?

Commentaire

Votre épée correspond à votre capacité à utiliser la parole pour vous affirmer, pour poser des limites ou exprimer vos besoins, vos émotions et vos désirs. Avoir une parole impeccable ne veut pas dire avoir une parole faible, frêle ou négligeable, mais une parole juste tout en étant ferme et puissante.

CHAPITRE 2

QUOI QU'IL ARRIVE, N'EN FAITES PAS UNE AFFAIRE PERSONNELLE

« Vous n'êtes pas la cause des actes d'autrui. Ce que les autres disent et font n'est qu'une projection de leur propre réalité, de leur propre rêve. Lorsque vous êtes immunisé contre les opinions et les actes d'autrui, vous n'êtes plus victime de souffrances inutiles. »

Miguel Ruiz

Ici, il est question d'apprendre que « la carte n'est pas le territoire[1] », c'est-à-dire de ne pas confondre notre représentation du monde (la carte) qui est totalement subjective avec la réalité partagée (le territoire). La réalité nous est inaccessible ; seule une représentation limitée nous est possible. De ce fait, chacun ne parle que de lui, de sa représentation du monde, de son propre « rêve », et non du monde tel qu'il est. C'est pourquoi ce deuxième accord nous invite à ne pas prendre personnellement la parole d'autrui, puisqu'il ne s'agit que de la projection de sa représentation du monde et non de la réalité.

---

1. *Une carte n'est pas le territoire : Prolégomènes aux systèmes non aristotéliciens et à la sémantique générale*, Alfred Korzybski, Éclat, 2007.

Exercice n° 12 : Expressions corporelles

« C'est pas un mal de ventre qui va guérir un autre mal de ventre. »

Proverbe québécois

Notre langage traduit certaines manières dont nous prenons nos problèmes à cœur. Certains soucis pourraient-ils être pris au pied de la lettre ?

Lisez les expressions suivantes, puis répondez aux questions.

En avoir plein le dos

Prendre trop à cœur

Avoir du mal à avaler/digérer

Se prendre la tête

Être à fleur de peau

Se faire de la bile

En avoir le souffle coupé

Étouffer (dans une relation)

Être sur les rotules

Être pris aux tripes

Avoir le cœur léger/lourd

Avoir un poids sur l'estomac

1 Quelles sont les expressions qui vous sont familières ?

Exemple : « Je dis souvent "ça me prend la tête". »

....

....

....

2 Vous arrive-t-il de somatiser à cet endroit du corps ?

Exemple : « J'ai souvent des migraines… »

....

....

....

3 Remplacez l'expression faisant référence au corps par une autre sans référence corporelle.

Exemple : « Ça m'énerve. », « Je suis agacé. »

....

....

....

Commentaire

En faisant une affaire personnelle de certaines situations, en prenant les choses trop à cœur, nous utilisons souvent des expressions corporelles. Et les expressions que nous utilisons sont puissantes. Elles peuvent vraiment créer le paradis ou l'enfer. En utilisant certaines expressions négatives, nous nous jetons des sorts en utilisant de la « magie noire » contre nous, selon l'expression de Don Miguel Ruiz. Il nous revient d'être vigilant dans notre usage du langage, comme nous le rappelle le premier accord toltèque.

Exercice n° 13 : Prendre du recul

« L'intelligence est la faculté de relativiser les absolus livrés bruts par l'expérience. »

Michel Fournier

Prendre du recul permet d'éviter de prendre certaines situations trop à cœur. Comment dès lors prendre le juste recul, se dégager des circonstances sans s'en éloigner plus qu'il ne faut ?

Prenez un crayon, installez-vous confortablement et suivez les instructions.

1. Pensez à une situation récente où vous avez pris une situation à cœur, ou des remarques/critiques de manière très personnelle.

Exemple : « Dans le bus, j'ai entendu quelqu'un dire que ceux qui ne travaillent pas sont des assistés. Cela m'a fait beaucoup de peine, car j'élève seule mes enfants. »

....

....

....

....

2 Prenez du recul.

- Demandez-vous ce qu'un Aborigène aurait pensé à votre place.
- Demandez-vous ce qu'un habitant du Moyen Âge aurait pensé à votre place.
- Projetez-vous dans dix ans ; ressentirez-vous la même chose ?
- Repensez à cette situation à partir de la perspective de quelqu'un qui vous veut du bien, ou si vous préférez, de votre ange gardien.

3 Qu'est-ce que cela change ?

....

....

....

....

Commentaire

Un bon moyen d'éviter de prendre trop personnellement une situation ou une parole est de prendre du recul. Pour cela, il est possible de se décentrer de soi, de la situation ou du présent. On appelle cela « effectuer un recadrage spatio-temporel » ou « un changement de position perceptuelle ».

Exercice n° 14 : Ce n'est pas votre affaire

« Ce n'est pas votre tâche de m'aimer – c'est la mienne. »

Byron Katie

C'est en partie parce que nous avons tendance à nous occuper des affaires des autres que nous souffrons. Sans faire de vous un monstre d'égoïsme, si vous donniez la priorité à ce qui vous concerne réellement ?

Pour chacune des affirmations listées dans le tableau suivant, indiquez si « c'est votre affaire » ou pas.

Est-ce votre affaire ?	Oui	Non
1. Les informations annoncent un tremblement de Terre.		
2. Votre enfant a de mauvais résultats scolaires.		
3. Vous souhaitez améliorer votre hygiène de vie.		
4. Votre conjoint a un patron tyrannique.		
5. Votre meilleure amie vous avoue que son mari la trompe.		
6. Vous envisagez de reprendre vos études.		
7. La pollution atteint des records.		
8. Votre enfant a une peine de cœur.		
9. 800 millions de personnes souffrent de malnutrition dans le monde.		
10. Votre conjoint est stressé.		
11. L'intégrisme religieux gagne du terrain.		
12. Vous avez envie de déménager.		

Commentaire

Seules les affirmations 3, 6 et 12 sont votre affaire. En effet, selon Byron Katie, il y trois types « d'affaires » :

- celles qui appartiennent à Dieu (pour Byron Katie, Dieu signifie « la réalité ») ;
- celles qui appartiennent aux autres ;
- vos affaires.

Le problème, c'est que nous passons notre temps à nous occuper des affaires de Dieu ou des affaires des autres. Non seulement nous faisons une affaire personnelle de ce qui ne nous appartient pas, mais en plus il n'y a personne pour s'occuper de nos affaires pendant ce temps-là. Ainsi, selon Byron Katie, les affirmations 1, 7, 9 et 11 correspondent aux affaires de Dieu, les affirmations 2, 4, 5, 8 et 10 correspondent aux affaires des autres et les affirmations 3, 6 et 12 à vos affaires. Attention, dire que certaines situations ne sont pas vos affaires mais relèvent des affaires de Dieu ou des autres ne veut pas dire que vous n'êtes pas concerné, mais que vous n'y pouvez rien (affaires des autres) ou que les autres n'y peuvent rien directement ou individuellement (affaires de Dieu). À chaque fois que vous dites « tu devrais… » ou « il faudrait… », vous n'êtes pas en train de vous occuper de vos affaires.

Exercice n° 15 : Retournement de situation

« La réalité est toujours plus douce que l'histoire que je me raconte à son sujet. »

Byron Katie

Nos pensées, croyances et affirmations nous limitent. C'est pourquoi il est nécessaire de les assouplir. Un peu de mise en perspective ne fait jamais de mal.

Pensez à une situation-problème (une difficulté, personnelle, professionnelle ou relationnelle), puis notez la raison pour laquelle vous vous sentez mal. Répondez ensuite aux questions.

Exemple : « Marie devrait m'écouter. »

....

....

....

....

....

....

1 Retournez la phrase de plusieurs manières.

Exemple : « Je devrais écouter Marie. », « Marie ne devrait pas m'écouter. », « Je devrais m'écouter. », « Marie devrait s'écouter. »...

....

....

2 Qu'est-ce que ces retournements vous ont apporté ?

Exemple : « Avant de vouloir que Marie m'écoute, je devrais m'assurer de l'écouter et de prendre en compte mes besoins et les siens. »

Commentaire

Le « retournement » est la cinquième et dernière étape du processus de libération proposé par Byron Katie, appelé « The Work » (le Travail). Ce processus consiste à prendre le contre-pied d'une affirmation pour voir ce que cela peut nous apprendre. Les différents retournements d'une affirmation offrent autant de recadrages (nouvelles perspectives) de la situation.

Une parole qui n'est pas impeccable est le signe que notre pensée est limitée par des croyances négatives. Le retournement va permettre de remettre en question « l'histoire que nous nous racontons » et qui nous fait souffrir.

Exercice n° 16 : Le bouclier du chevalier

« Où vise Dieu, nul bouclier ne vaut. »

Proverbe allemand

Le bouclier permet au chevalier de se protéger. Cela dit, tout le monde ne souhaite pas forcément se protéger des mêmes choses. Alors puisqu'il s'agit de vous en particulier, à quoi ressemblerait votre bouclier ?

En tant que chevalier toltèque[1], vous avez besoin d'un bouclier pour vous protéger. Dans l'espace ci-dessous, dessinez votre bouclier de chevalier tel que vous l'imaginez.

1. *Les accords toltèques, une chevalerie relationnelle*, Olivier Clerc, Guy Trédaniel, 2014.

Observez votre bouclier. Comment est-il ? En métal ? En bois ? Grand ? Petit ? Vous sert-il à vous protéger ou à vous couper des autres ?

....

....

....

....

Commentaire

Notre bouclier nous permet de nous protéger en ne faisant pas une affaire personnelle de ce qui nous arrive. Les paroles et événements ne peuvent alors pas nous atteindre ni nous blesser. Cependant, si nous brandissons en permanence notre bouclier, nous risquons de nous couper des autres. Comme l'épée, son maniement nécessite d'être maîtrisé.

CHAPITRE 3

NE FAITES PAS DE SUPPOSITIONS

« Ayez le courage de poser des questions et d'exprimer ce que vous voulez vraiment. Communiquez le plus clairement possible avec les autres afin d'éviter les malentendus, la tristesse et les drames. Avec ce seul accord, vous pouvez transformer votre vie. »

Don Miguel Ruiz

Nous savons depuis Épictète que « ce qui trouble les hommes, ce ne sont pas les choses, ce sont les jugements qu'ils portent sur les choses ». Ce troisième accord complète le précédent : c'est nous qui donnons un sens à un événement en fonction de notre représentation du monde. Malheureusement, cette signification peut être positive ou limitante. Cet accord nous rappelle de ne pas faire de suppositions, de ne pas interpréter des situations et de ne pas prêter une intention négative à un comportement d'autrui. En effet, une supposition n'est qu'une hypothèse parmi d'autres. Il convient de vérifier nos suppositions et de ne pas les prendre pour argent comptant, mais aussi de formuler des demandes sans présupposer qu'autrui comprend nos besoins. Comme l'écrit le docteur Susan Gregg : « Commencez tranquillement par interroger vos suppositions. Souvenez-vous qu'une supposition, c'est quelque chose que vous tenez pour vrai, et non quelque chose que vous savez être vrai. »

Exercice n° 17 : Arrêter d'interpréter !

« Tout est affaire de point de vue et le malheur n'est souvent que le signe d'une fausse interprétation de la vie. »

Henry de Montherlant

Le meilleur moyen d'éviter de faire des suppositions ne serait-il pas de s'en tenir aux faits plutôt que d'interpréter ?

Déterminez si l'affirmation est un fait ou une interprétation.

	Affirmation	Fait	Interprétation
	Jean enlève son pull et reste en chemise.	X	
	Jean enlève son pull, il a chaud.		X
1	Stéphanie a l'air fatiguée, elle a encore dû sortir hier soir.		
2	Virginie ne s'est pas maquillée ce matin car elle s'est levée en retard.		
3	Jean semble distrait en ce moment, il doit avoir une liaison.		
4	Plus de 70 % des Français se plaignent d'insomnie.		
5	Les Polonais sont travailleurs.		
6	Rio de Janeiro est une agglomération très peuplée.		
7	Le sel permet de conserver la viande.		
8	Les Françaises sont les femmes les plus jolies au monde.		
9	Paul est ruiné, à son âge il ne pourra plus rebondir.		
10	Le roquefort est un fromage de brebis.		

Commentaire

Les affirmations 2, 4, 6, 7 et 10 sont factuelles, les autres (1, 3, 5, 8 et 9) sont des interprétations.

Une interprétation prend la forme linguistique d'une équivalence complexe (équivalence entre une action et une signification attribuée). Par exemple, la phrase « Fanny ne m'a pas dit bonjour ce matin, elle me fait la tête » est une interprétation, car il y a une équivalence complexe entre l'action de ne pas sourire et la signification de faire la tête. Il existe en effet plusieurs raisons qui expliquent pourquoi Fanny ne m'a pas dit bonjour :

- elle ne m'a pas vu ;
- elle était pressée ;
- elle était dans un état de confusion (maladie, accident, choc émotionnel) ;
- elle m'a fait un signe pour me dire bonjour, mais je ne l'ai pas vu ;
- elle pense peut-être que je lui fais la tête ou que je n'ai pas envie de la voir, et préfère attendre que je fasse le premier pas ;
- elle se sent observée (par son patron, son ami, ses collègues...) et préfère rester discrète sur notre relation ;
- elle ne mélange pas vie professionnelle et vie affective...

Bien souvent, nous interprétons le comportement de quelqu'un et lui attribuons une signification négative.

Exercice n° 18 : Ne pas rester à la surface

« C'est souvent en touchant le fond que l'on refait surface : toute la vie est dans cette parabole. »

Claude Lelouch

Le langage est un merveilleux outil. Toutefois, il reflète le plus souvent imparfaitement nos expériences et laisse place à de nombreuses interprétations. C'est ce que nous allons voir dans l'exercice suivant.

Concentrez-vous pendant une minute sur la phrase « Dominique m'a fait mal. » Répondez ensuite spontanément aux questions, en réfléchissant le moins possible.

1. Selon vous, Dominique est un homme, ou une femme ?

....

....

2. Selon vous, la souffrance est-elle physique ou émotionnelle ?

....

....

3. Selon vous, quelle est la relation entre Dominique et « moi » (conjoint, parent/enfant, proche, connaissance, collègue de travail…) ?

....

....

4 Selon vous, qui est « moi » ?

....

....

Commentaire

Il existe une différence entre la « structure de surface », qui est véhiculée par le langage, et la « structure profonde », qui est l'expérience vécue. Malheureusement, nous restons souvent à la surface du langage et n'écoutons que le message sans chercher à entendre la personne et son expérience.

Une « écoute active » ainsi que nous l'avons définie dans l'exercice n° 3 aurait pu par exemple aboutir à la conclusion que : « Mon fils Dominique m'a fait mal en m'attrapant par le bras pour éviter de chuter en roller. » Cette phrase est bien plus proche de l'expérience (structure profonde) et laisse beaucoup moins de place à l'interprétation.

★ Exercice n° 19 : Éviter les projections

« On ne voit pas les choses telles qu'elles sont, mais comme on est. »

Le Talmud

Nous avons tendance à projeter sur l'autre notre carte du monde et à interpréter ses paroles et comportements à partir de nos propres filtres. Comment faire pour se prémunir de ces projections inutiles ?

Complétez le tableau suivant, puis répondez à la question.

Votre interlocuteur vous dit :	Vous répondez :
« Je me trouve gros(se). »	Tu devrais…
	Tu devrais…
	Tu devrais…
« Je m'ennuie dans mon couple. »	Tu devrais…
	Tu devrais…
	Tu devrais…
« Je suis épuisé(e). »	Tu devrais…
	Tu devrais…
	Tu devrais…
« Je n'ai pas envie d'aller déjeuner chez ma belle-mère. »	Tu devrais…
	Tu devrais…
	Tu devrais…
« Mon patron me drague. »	Tu devrais…
	Tu devrais…
	Tu devrais…

Reprenez chacune de vos réponses et posez-vous la question suivante : « En quoi est-ce que ces réponses me concernent ? »

....

....

....

....

Commentaire

Il existe trois formes de projection :

- On peut projeter sur l'autre des traits de caractère que l'on n'accepte pas chez soi. Par exemple, si vous avez honte de votre sensibilité, vous pouvez y voir un signe de faiblesse chez ceux qui manifestent cette qualité.
- On peut projeter sur l'autre des traits de caractère que l'on a réprimés. Par exemple, si vous n'avez pas pu développer vos talents artistiques, vous pouvez critiquer ceux qui s'y adonnent.
- On peut projeter sur l'autre ses propres schémas. Par exemple, si vous avez souffert de rejet, vous pouvez rejeter les autres pour ne pas souffrir ou penser que les autres vous rejettent.

Les projections nous montrent que nous réagissons personnellement à ce que nous dit notre interlocuteur et nous poussent à donner des conseils parfois non sollicités. Cela nous éloigne de l'écoute active.

Exercice n° 20 : Adopter un regard neuf

« L'esprit du débutant contient beaucoup de possibilités, mais celui de l'expert en contient peu. »

Shunryu Suzuki

Nous ne voyons pas à travers nos yeux mais à travers notre propre système de filtrage. Et si c'était le moment d'avoir un regard neuf sur le monde qui vous entoure ?

Prenez un crayon, installez-vous confortablement et suivez les instructions.

1. Pensez à une personne que vous devez rencontrer prochainement et dont cette perspective ne vous enchante pas.

Exemple : « Je dois rencontrer ma belle-mère. »

....

....

....

2. Notez ce que vous anticipez.

Exemple : « Elle va encore me dire que j'élève mal mes enfants. »

....

....

....

3. Imaginez que vous ne connaissez pas cette personne et que vous allez faire sa rencontre pour la toute première fois. Soyez curieux(se) de faire sa connaissance, allez vers elle avec amour et bienveillance. Puis notez ce que vous avez appris de cette expérience.

Exemple : « J'ai découvert une femme très attentionnée envers ses petits-enfants et qui prend son rôle de mamie très à cœur. »

....

....

....

Commentaire

Bien souvent, la manière dont nous abordons une situation ou une personne en détermine l'issue en limitant le panel de nos comportements et de ceux de notre interlocuteur. Par exemple, si vous pensez que tout le monde vous veut du mal (position paranoïde), vous allez adopter un comportement défensif qui va provoquer une attitude évitante chez votre interlocuteur… Attitude que vous aurez vite fait d'interpréter comme étant la preuve de mauvaises intentions à votre égard.

Aborder une personne ou une situation avec un regard neuf, sans *a priori*, permet de sortir des schémas comportementaux figés et limitants.

Exercice n° 21 : La peur cachée

« Tout est bruit pour qui a peur. »

Sophocle

Lorsqu'une personne ou une situation nous contrarie, il y a souvent une peur sous-jacente. Comment éradiquer cette peur pour ne plus être contrarié par la situation ? Cet exercice va vous le montrer.

Pensez à une situation ou à une personne qui vous a contrarié(e) récemment, puis répondez aux questions suivantes.

Exemple : « Un automobiliste m'a fait une queue de poisson. »

....

....

....

1 Notez votre émotion

Exemple : « Je ressens de la colère envers cet automobiliste imprudent. »

....

....

....

2 Quelle peur se cache derrière cette émotion ?

Exemple : « La peur du danger et de l'accident pour moi, mais surtout pour mes enfants qui étaient dans la voiture. »

....

....

....

....

Commentaire

Les émotions peuvent être comme des trains qui en cachent d'autres, ou des pelures d'oignon qui se superposent. Par exemple, si mon enfant m'agace et que je me sens impuissant, je peux me mettre en colère et finir par crier, puis culpabiliser d'avoir crié tout en étant triste de ne pas arriver à communiquer de manière plus positive.

Bien souvent, l'émotion sous-jacente, qui n'est pas toujours consciente, est la peur, pour soi ou pour l'autre. Cette peur peut prendre de multiples visages : peur du jugement, de l'échec, de la souffrance, de manquer, de la mort, de la perte, de la trahison, du rejet, de l'abandon, de l'humiliation, de l'injustice… Et c'est cette peur cachée qui explique certaines de nos réactions émotionnelles, ainsi que les jugements que nous portons sur les autres et sur les situations. Il s'agit donc d'une forme de projection : nous projetons sur l'autre l'objet de nos peurs cachées et inconscientes.

Exercice n° 22 : En demande d'amour

« Tout reproche est une demande d'amour non exprimée. »

Auteur inconnu

Nous avons souvent tendance à transformer une frustration en reproche. Or, si nous sommes frustrés parce que nous voulons nous sentir aimés, le meilleur moyen ne serait-il pas de donner des signes d'attention et d'affection aux autres plutôt que de leur reprocher leurs manques ?

Préparez-vous à une semaine très spéciale. Voici un peu de pain sur la planche…

1. Cette semaine, vous allez prendre une personne dans vos bras. Notez votre expérience :

....
....
....
....
....
....

2. Cette semaine, vous allez donner trois compliments par jour. Notez votre expérience :

....
....
....
....
....
....

3. Cette semaine, vous allez sourire à trois personnes par jour. Notez votre expérience :

....
....
....
....
....
....

Commentaire

Comme le montre la loi d'attraction[1], on récolte ce que l'on « s'aime » (sème). Ainsi, pour recevoir de l'amour, il suffit d'en donner. Cela remplit le cœur et évite de sombrer dans la négativité qui se manifeste entre autres par des reproches envers les autres ou des paroles non impeccables.

Exercice n° 23 : La quête

« Notre vie est une longue et pénible quête de la vérité. »

Gandhi

La quête du chevalier toltèque[2] n'est pas la quête du Graal, mais celle de la vérité afin de couper court aux suppositions.

Prenez un crayon et remplissez le tableau suivant.

Au cours de la journée ou de la semaine, notez les événements et les comportements des autres qui vous agacent ou vous font vous

1. La loi d'attraction est une loi de nature spirituelle qui affirme que nous créons notre réalité par le pouvoir de notre esprit et que nous attirons à nous des personnes, situations ou événements qui sont en résonance avec nous-mêmes. Pour transformer notre vie et attirer du positif, il est donc conseillé de modifier nos pensées. Voir à ce sujet : *50 exercices pour pratiquer la loi d'attraction*, Virgile Stanislas Martin, Eyrolles, 2015.
2. *Les accords toltèques, une chevalerie relationnelle*, Olivier Clerc, Guy Trédaniel, 2014.

sentir mal, et les suppositions que vous faites pour y donner un sens.

Situation (Événements)	Supposition (Croyances)	Réaction (Conséquences)
« La boulangère m'a rendu ma monnaie sans me regarder dans les yeux. »	*« Elle ne s'intéresse pas à ses clients. »*	*« Je me suis senti inexistant. »*

Commentaire

La quête du chevalier toltèque est celle de la vérité, car cette vérité permet de s'affranchir des suppositions. En effet, plutôt que de se laisser distraire par nos interprétations, il est préférable de revenir aux faits, à la réalité, car celle-ci est neutre. « Ce qui trouble les hommes, ce ne sont pas les choses, ce sont les jugements que les hommes portent sur les choses », disait déjà Épictète.

La première étape consiste à prendre conscience de notre tendance à juger, à interpréter, à supposer – à donner un sens négatif à certains comportements, en somme – et à remarquer l'impact émotionnel que ces suppositions ont sur nous.

Ce tableau est semblable à ceux utilisés en TCC (Thérapies cognitives et comportementales) et reprend le modèle ABC développé par Albert Ellis : A (*Activating Event* = événement déclencheur), B (*Belief* = croyances et pensées négatives) et C (*Consequences* = conséquences émotionnelles et comportementales). Ce modèle ABC montre l'influence de nos interprétations sur notre façon de nous sentir et de nous comporter.

CHAPITRE 4

FAITES TOUJOURS DE VOTRE MIEUX

« Votre “mieux” change d’instant en instant ; il n’est pas le même selon que vous êtes en bonne santé ou malade. Quelles que soient les circonstances, faites simplement de votre mieux et vous éviterez ainsi de vous juger ultérieurement, de vous maltraiter et d’avoir des regrets. »

Don Miguel Ruiz

Alors que le premier accord concerne la parole, le second la représentation et le troisième la pensée, ce quatrième accord porte sur l’action. Cet accord nous invite à de la modération et nous évite le double écueil du laxisme et du perfectionnisme. Bien que chaque voie spirituelle nécessite une autodiscipline, le perfectionnisme provoque de la culpabilité, ce qui est un frein à notre évolution. C’est pourquoi cet accord nous invite à faire de notre mieux, et c’est déjà très bien. Comme le précise Don Miguel Ruiz, « les trois premiers accords ne fonctionnent que si vous faites de votre mieux ». Dans cette dernière citation, nous sommes simplement invités à « faire de notre mieux », ce qui est encore plus doux que de faire *toujours* de notre mieux.

Exercice n° 24 : Les qualités de vos défauts

« On voit les qualités de loin et les défauts de près. »

Victor Hugo

Nos défauts peuvent cacher une compétence, un don, une qualité qu'il nous appartient de découvrir. Défauts et qualités sont les deux faces d'une même médaille.

Listez trois de vos défauts, puis répondez aux questions suivantes.

Exemple : le doute, le perfectionnisme et l'entêtement.

....

....

....

1. Transformez ces traits de caractère indésirables en qualités.

Exemple : le doute devient de la vigilance, le perfectionnisme de la rigueur et l'entêtement de la persévérance.

....

....

....

2. En quoi votre vie changerait-elle si vous transformiez vos défauts en qualités ?

....

....

....

....

Commentaire

Les qualités et les défauts ne sont pas séparés comme le jour et la nuit ou le blanc et le noir. Au contraire, il faut se rappeler qu'une qualité excessive peut devenir un défaut, comme par exemple un excès de prudence peut se transformer en couardise. De même, un défaut peut cacher une qualité, comme nous venons de le voir.

Cet exercice nous permet de nous réconcilier avec certains traits de caractère que nous n'aimons pas, et d'apprivoiser notre ombre. Car bien souvent, ce que nous rejetons cache un trésor.

La voie toltèque nous invite à découvrir qui nous sommes une fois débarrassés du regard des autres et des critiques de notre Juge intérieur.

Exercice n° 25 : Faire de son mieux

« Une mère qui n'a jamais eu envie de jeter son enfant par la fenêtre est une mauvaise mère. »

Françoise Dolto

Une grande partie de notre stress provient de notre désir d'être parfait ou de bien faire. Et si vous essayiez de vous en affranchir pour retrouver un peu de sérénité ?

Répondez aux questions suivantes.

1. Passez en revue vos différentes casquettes (homme/femme, parent, enfant, conjoint, citoyen, salarié/patron, membre d'une association, etc.). Notez celle qui vous occasionne le plus de stress.

Exemple : mère de trois enfants

....
....
....
....
....

2. Si vous ne cherchiez pas à être parfait(e), à être un(e) bon(ne) ...., mais simplement à faire de votre mieux, qu'est-ce que cela changerait ?

Exemple : « Si je ne cherchais pas à être une bonne mère, je serais moins exigeante et je laisserais plus de liberté à mes enfants. L'ambiance serait meilleure à la maison et au final, je me sentirais mieux.

....
....
....
....
....
....

Commentaire

Une grande partie de notre stress provient de la pression que nous nous mettons pour présenter une image « lisse » de nous-mêmes, pour paraître parfait(e) ou bon(ne) dans nos différents rôles.

Plutôt que de chercher à être une « bonne mère », Donald Winnicott, propose d'être une « mère suffisamment bonne », c'est-à-dire ni « pas assez bonne », ni « trop bonne », car on sait que le mieux est l'ennemi du bien. De la même façon, vous pouvez réviser votre projet d'être un(e) bon(ne) ...., par être un(e) « .... suffisamment bon(ne) ». Par exemple, en étant un « employé suffisamment bon », vous ne serez peut-être jamais l'employé du mois, mais vous ne serez jamais non plus sujet au *burn-out*.

Ce quatrième accord toltèque nous ramène à la modération en toute chose. Don Miguel Ruiz écrit en effet : « Quelles que soient les circonstances, faites toujours de votre mieux, ni plus, ni moins ». Faire de son mieux permet de prendre plaisir à ce que l'on fait et empêche notre Juge intérieur de nous critiquer et de nous culpabiliser.

Cet accord nous enseigne aussi à nous focaliser davantage sur le processus que sur le résultat. Au lieu de vouloir un résultat parfait, mieux vaut porter notre attention sur ce que nous faisons et sur qui nous sommes. Comme le disait Steve Jobs, « le seul moyen de faire un bon travail est d'aimer ce que l'on fait. »

Exercice n° 26 : Les *drivers*

« La vie est un devoir, accomplis-le. La vie est un jeu, joue-le. »

Mère Teresa

Certains messages que nous recevons au cours de notre éducation nous conditionnent. L'analyse transactionnelle[1], nous explique que lorsque nous sommes enfants, nous recevons des messages contraignants (*drivers*) qui influent sur notre relation au monde, aux autres et à nous-mêmes. Ces messages sont au nombre de cinq :

- Sois parfait.
- Sois fort.
- Fais plaisir.
- Fais des efforts.
- Dépêche-toi.

Comment se déconditionner de ces messages contraignants ? C'est ce que nous allons voir tout de suite…

Parmi les cinq messages, sélectionnez les trois que vous avez le plus reçus au cours de votre éducation, puis essayez d'en trouver l'« antidote ».

Message	Antidote
1.	
2.	
3.	

1. Approche thérapeutique créée par Eric Berne, médecin psychiatre.

Commentaire

Chaque message contraignant possède effectivement son antidote :

Message	Antidote
Sois parfait.	Fais de ton mieux.
Sois fort.	Sois vrai.
Fais plaisir.	Pense aussi à toi.
Fais des efforts.	Tu peux réussir.
Dépêche-toi.	Prends ton temps.

Ainsi, le quatrième accord toltèque se trouve être l'antidote du message contraignant « sois parfait ». Ce désir de perfection est une injonction qui nous a été transmise au cours de notre « domestication » (notre éducation). Nous devons nous en libérer car cela peut être un obstacle à notre évolution. En cherchant à appliquer « parfaitement » les accords toltèques, nous ne pouvons que créer de la tension, de la frustration ou de la culpabilité. C'est pourquoi cet accord est si important, car l'injonction « sois parfait » peut nous ralentir dans notre chemin de libération personnelle.

Exercice n° 27 : La parfaite imperfection

« Je ne suis pas parfait, tu n'es pas parfait et c'est parfait. »

Virginia Satir

Que la vie serait ennuyeuse si tout le monde était parfait ! Heureusement, la nature a bien fait les choses. Nul n'est parfait, et c'est tant mieux !

Listez les défauts et qualités de vos proches ou de vos collègues, ainsi que les vôtres…

Personnes	Défauts	Qualités
Paul	*Très critique.*	*A le cœur sur la main.* *Grand bricoleur.* *Autodidacte.*
Moi		

Commentaire

Ce petit exercice permet de mettre en lumière le fait que chacun a des défauts et des qualités, y compris vous. En fait, nous sommes « parfaitement imparfaits », et c'est plutôt réconfortant.

Un des présupposés de la PNL (Programmation neurolinguistique) est que chacun fait toujours de son mieux en fonction des choix qui lui sont disponibles. Même lorsqu'un comportement nous semble inapproprié – pour ne pas dire négatif –, il s'agit toujours de la meilleure option à la disposition de la personne. L'intention derrière ce comportement est toujours positive. Par exemple, quelqu'un qui fume ou boit ne le fait pas pour se faire du mal, mais en pensant se faire du bien.

Exercice n° 28 : Ni trop, ni trop peu

« Appliquez-vous à garder en toute chose le juste milieu. »

Confucius

La voie du milieu nous évite de sombrer dans les extrêmes. Et vous, où vous situez-vous ?

Prenez un crayon, installez-vous confortablement et suivez les instructions ci-dessous.

1. Situez-vous sur l'échelle suivante, qui va du laxisme (– 10) au perfectionnisme (+ 10).

Laxisme – 10 .... 0 .... + 10 Perfectionnisme

2. Si vous vous situez du côté du laxisme, demandez-vous ce que vous feriez de différent si vous étiez à un point de plus sur l'échelle, c'est à dire un peu plus rigoureux. Si vous vous situez du côté du perfectionnisme, demandez-vous ce que vous feriez de différent si vous étiez à un point de moins sur l'échelle, c'est-à-dire légèrement plus flexible.

Commentaire

Le quatrième accord vient tempérer les précédents et nous invite à emprunter la voie du milieu : ni laxisme, ni perfectionnisme. Un écueil que rencontrent certains chercheurs de vérités est de devenir intégristes de leur pratique. Ce faisant, ils se fustigent lorsque leurs progrès ne sont pas assez rapides. Cet accord nous rappelle que l'excès est préjudiciable et nous invite à pratiquer la voie du milieu, chère au bouddhisme.

CHAPITRE 5

SOYEZ SCEPTIQUE, MAIS APPRENEZ À ÉCOUTER

« Ne vous croyez pas vous-même, ni personne d'autre. Utilisez la force du doute pour remettre en question tout ce que vous entendez : est-ce vraiment la vérité ? Écoutez l'intention qui sous-tend les mots et vous comprendrez le véritable message. »

Don Miguel Ruiz.

Puisque la plupart des choses que nous entendons ne sont pas vraies, mais uniquement un pâle reflet de la vérité déformée par le langage, ce cinquième accord invite à la prudence : soyez sceptique ! En effet, nous utilisons la parole pour communiquer nos représentations du monde au moyen de symboles. Cependant, il convient aussi d'apprendre à écouter, car les paroles d'autrui nous renseignent sur lui-même autant que sur son message. Cet accord nous invite à la fois à ne pas être crédule et à écouter avec nos deux oreilles. Il vient aussi tempérer le deuxième accord toltèque (« Quoi qu'il arrive, n'en faites pas une affaire personnelle. ») qui pourrait aller jusqu'à nous couper des autres.

Exercice n° 29 : Qui a dit ça ?

« L'ignorant affirme, le savant doute, le sage réfléchit. »

Aristote

Notre discours est le reflet de nos limitations mentales. Et si nous essayions de nous en dégager en nous posant les bonnes questions ?

Lisez le tableau suivant, puis répondez aux questions.

Catégories	Exemples	Questions
Origine perdue	C'est mal de faire ça. C'est bien de se lever tôt. C'est comme ça.	D'après qui ? Qui a dit ça ? Comment le savez-vous ? Est-ce votre avis ?
Équivalence complexe	Il pleut, c'est une mauvaise journée. Elle ne sourit pas, elle n'est pas contente. Il m'a fait des reproches, il me déteste.	En quoi ceci (le fait qu'il pleuve ou qu'elle ne sourie pas) signifie/prouve-t-il cela (que la journée sera mauvaise ou qu'elle n'est pas contente) ? Avez-vous déjà fait des reproches à quelqu'un sans le détester ?
Cause-effet	Il me rend triste. Cela m'ennuie. Si j'échoue à ce test, alors ma vie est foutue.	En quoi ? Comment spécifiquement ? Qu'est-ce qui vous fait dire cela ?
Lecture de pensée	Je sais ce qu'il a voulu dire. Il fait cela parce que…	Comment le savez-vous ? Qu'est-ce qui vous fait dire cela ?
Présupposition	Si elle m'aimait, elle ne me dirait pas ça.	Qu'est-ce qui vous fait dire/croire cela ?

1 Quel est l'intérêt de ces questions ?

....

....

....

....

2 Remplissez le tableau en imaginant des questions permettant de remettre en cause ces affirmations limitantes.

Affirmations	Questions
Je sais que tu es triste en ce moment.	*Comment le sais-tu ? Qu'est-ce qui te fait penser ça ?*
1. De toute façon, ça ne sert à rien.	
2. S'il vient, la soirée sera ennuyeuse.	
3. Je ne vais quand même pas lui envoyer des fleurs, non ?	
4. Quand elle rentre tard, je suis stressé(e).	
5. Elle devrait le savoir, non ?	
6. Il me rend dingue !	
7. Je sais bien que tu penses comme lui.	
8. Ma belle-mère est venue sans prévenir, elle m'espionne.	
9. Cette musique me rend triste.	

Commentaire

Exemple de questions : 1. D'après qui ? Qui a dit ça ? Est-ce ton avis ? 2. En quoi sa présence pourrait transformer l'ambiance de la soirée ? 3. Qu'est-ce qui t'en empêche ? Qu'est-ce que cela signifierait pour toi ? 4. En quoi son retard te stresse ? 5. Comment devrait-elle le savoir ? Savoir quoi exactement ? 6. Comment fait-il ? Qu'est-ce qu'il fait qui te rend dingue ? 7. Comment le sais-tu ? Comment fais-tu pour le savoir ? 8. En quoi le fait qu'elle vienne sans prévenir prouve qu'elle t'espionne ? N'es-tu jamais allé chez quelqu'un à l'improviste sans avoir l'intention de l'espionner ? 9. Quels en sont les aspects qui te rendent triste ?

La PNL propose un modèle de questionnement appelé le « méta-modèle », qui vise à mettre en évidence et à rectifier les décalages qui peuvent exister entre ce que l'on a l'intention de dire et ce que l'on exprime réellement à travers le langage. Et ce sont ces décalages qui fabriquent des croyances négatives et alimentent nos accords limitants. S'entraîner à les remettre en cause dans la communication permet de nous affranchir de nos accords.

Exercice n° 30 : Pourquoi ? Mais pourquoi ?

« Il n'y a pas moyen de contenter ceux qui veulent savoir le pourquoi des pourquoi. »

Leibniz

On a souvent tendance à agir, sans forcément s'en rendre compte, par habitude, « parce que ça a toujours été comme ça. » Et si ne plus faire

« comme ça » pouvait ouvrir de nouvelles perspectives ? Remettre en question nos habitudes permet de nous en libérer.

Lisez l'histoire suivante, puis répondez aux questions posées.

L'histoire se passe durant les fêtes de fin d'année. Pour l'occasion, la famille au grand complet est réunie. Pendant que tout le monde discute dans le salon, la mère de famille s'apprête à mettre un rôti au four. Sa fille lui demande alors : « Pourquoi coupes-tu les bords ? » « Je ne sais pas, lui répond sa mère, j'ai toujours fait comme ça. » « Oui, mais pourquoi ? », insiste la fille. « Je ne sais pas, demande à Mamie », lui répond sa mère. La petite va retrouver sa grand-mère dans le salon et lui demande pourquoi elle retirait les entames du rôti avant de le faire cuire. Sa grand-mère lui fait la même réponse que sa mère : « Je ne sais pas, j'ai toujours fait comme ça, j'ai toujours vu ma mère le faire. Tu n'as qu'à lui demander. » Comme il se trouve que l'arrière-grand-mère est là pour l'occasion, le petite va lui poser la même question car elle veut enfin comprendre. « Ben, c'est à cause de Fernand, le boucher, il me faisait toujours des rôtis trop grands pour ma cocotte ! Fallait bien que je les coupe un peu pour qu'ils rentrent dedans ! » répond-elle.

1 Que vous évoque cette histoire ?

....

....

....

....

2 Quelles sont les traditions, habitudes, superstitions, croyances que vous perpétuez sans savoir pourquoi ?

....

....

....

Commentaire

Au cours du processus de « domestication » (notre éducation), nous adoptons un certain nombre de croyances et d'habitudes, qui sont autant d'accords que nous prenons sans savoir pourquoi. Bien souvent, le simple fait de remettre en question ces accords suffit à nous en libérer car il n'est plus possible de suivre inconsciemment un accord une fois qu'il a été conscientisé et que sa pertinence a été questionnée.

Exercice n° 31 : Est-ce vrai ?

« Une pensée est inoffensive tant que nous ne la croyons pas. Ce ne sont pas nos pensées, mais l'attachement à nos pensées qui est la cause de la souffrance. »

Byron Katie

Ce qui nous fait souffrir, ce n'est pas la réalité, mais ce que nous croyons qu'elle devrait être. Et si en fait la réalité était bien différente de ce que nous pensons ?

Pensez à une situation qui provoque une émotion négative.

Exemple : « Je suis triste que ma belle-fille m'empêche de voir mes petits-enfants. »

....

....

....

....

1 Posez-vous la question : est-ce vrai ?

Exemple : « C'est vrai que je ne vois pas souvent mes petits-enfants. »

....

....

....

....

2 Demandez-vous si vous pouvez être vraiment certain(e) que ce soit vrai.

Exemple : « Non, je ne peux pas vraiment savoir quelle est la raison exacte qui fait que je ne vois pas souvent mes petits-enfants : l'éloignement, leurs activités sportives, un rejet de ma belle-fille, ou même la décision de mon propre fils, ou autre chose encore… »

....

....

....

....

3 Analysez la manière dont vous réagissez quand vous croyez cette pensée.

Exemple : « Quand je crois que c'est à cause de ma belle-fille que je ne vois pas mes petits-enfants, je suis dans le ressentiment et j'ai tendance à ne pas être très sympathique envers elle. »

....

....

....

....

4 Demandez-vous qui vous seriez si vous étiez débarrassé(e) de cette pensée.

Exemple : « Je serais beaucoup proche d'elle et je la remercierais pour tout ce qu'elle fait de bien pour mon fils et mes petits-enfants. »

....

....

....

Commentaire

Cet exercice est librement inspiré de l'approche The Work proposée par Byron Katie[1] que nous avons déjà abordée dans l'exercice n° 15. Cette approche permet de remettre en question l'histoire que nous

1. *Aimer ce qui est*, Byron Katie, Ariane, 2003.

nous racontons (c'est-à-dire nos suppositions) et de nous affranchir des réactions émotionnelles qui nous limitent. La question n° 4 nous permet d'accéder à un espace de nous-mêmes totalement libre de pensées et d'émotions négatives, que l'on pourrait appeler notre Moi supérieur.

Exercice n° 32 : Entendre le message

« Dans le langage, notre message nous vient de l'Autre, sous une forme inversée. »

Jacques Lacan

Même si les reproches ou les critiques parlent davantage de ceux qui les émettent que de nous-mêmes – par le jeu des phénomènes de projection –, ils peuvent malgré tout revêtir un fond de vérité, ou en tout cas un message à entendre. Car nous ne sommes pas toujours conscients de notre personnalité. Et vous, savez-vous entendre les messages ?

Répondez aux questions suivantes.

1. Quels sont les reproches que l'on vous a déjà faits ?

Exemple : « Une amie m'a dit que j'étais égoïste. »

....

....

....

....

2 Y a-t-il une petite part de vérité, ou en tout cas un message à entendre, derrière ce reproche ?

Exemple : « C'est vrai que je fais souvent passer mon travail avant mes enfants. »

....

....

....

....

....

Commentaire

Comme le dit le proverbe : « Il n'y a pas de fumée sans feu. » Et s'il ne faut pas prendre personnellement les critiques, injures ou reproches, il est toutefois bon de les entendre pour voir ce qu'ils ont à nous apprendre. En effet, en vertu de la fenêtre de Johari[1], nous avons tous notre « angle mort », qui nous rend incapables de voir certaines choses nous concernant et que les autres peuvent néanmoins percevoir. Par ailleurs, c'est mal comprendre le deuxième accord toltèque que de l'utiliser pour ne pas entendre les critiques, remarques ou suggestions, et éviter ainsi de se remettre en question et d'évoluer. Cet accord nous invite seulement à ne pas les prendre personnellement.

1. Représentation de la communication entre deux individus.

CHAPITRE 6

LE GRAND RENVERSEMENT

On dit souvent que la nature a horreur du vide. Eh bien, il en est de même avec notre esprit. Lorsque nous sommes témoins d'un événement ou d'un comportement, nous avons besoin de lui donner un sens pour pouvoir l'intégrer dans notre expérience. Pour cela, nous avons l'habitude d'émettre des hypothèses généralement égocentrées, c'est-à-dire élaborées à partir de nous-mêmes et non à partir de l'autre. Pour ce faire, nous prêtons une intention à autrui, en prenant l'affaire personnellement. Puis nous ressassons cette supposition qui va nourrir nos émotions négatives. Comme l'écrit Don Miguel Ruiz, « Toute la tristesse et les drames auxquels vous avez été confrontés dans votre vie proviennent de cette habitude de faire des suppositions, de prêter des intentions à autrui, de prendre les choses personnellement. »

Pour sortir de cette impasse, Don Miguel Ruiz nous invite à ne plus faire de suppositions et à ne rien prendre personnellement. Ce qui n'est pas toujours facile… Olivier Clerc, son fidèle traducteur, propose néanmoins une autre voie : faire des suppositions allocentrées (centrées sur l'autre). Cela nous permet de relativiser, et bien sûr de tout prendre personnellement, puisque l'autre est notre propre miroir.

Exercice n° 33 : Faire le plein de suppositions

« Que le soleil se lèvera demain est une hypothèse. »

Ludwig Wittgenstein

Faire de nombreuses suppositions nous permet de ne pas prendre personnellement le comportement de quelqu'un. C'est ce que nous allons voir dans l'exercice suivant.

Pensez à une situation récente lors de laquelle vous avez attribué un sens négatif à un comportement. Puis répondez aux questions.

Exemple : « Véronique ne m'a pas appelé depuis une semaine, elle est sûrement fâchée après moi. »

....

....

....

....

1 Notez votre émotion à la lecture de cette supposition.

Exemple : « Je me sens triste. »

....

....

....

....

2 Imaginez toutes les raisons possibles qui pourraient expliquer le comportement incriminé.

Exemple : « Véronique est malade, elle a été kidnappée, on lui a volé son téléphone, elle est en vacances à l'étranger, elle a rencontré l'homme de sa vie, elle m'a envoyé un message que je n'ai pas reçu, etc. »

....

....

....

3 Notez comment vous vous sentez à présent.

Exemple : « Je me sens mieux. Je vais appeler Véronique pour prendre de ses nouvelles. »

....

....

....

Commentaire

Dès lors que nous faisons beaucoup de suppositions au lieu d'une seule, il n'est plus possible de se laisser piéger par notre mental – qui a toujours tendance à attribuer une intention négative à un comportement. Multiplier les suppositions revient à nous ouvrir à des explications plus positives ou neutres. Dans tous les cas, le meilleur moyen reste de demander à la personne le sens de son comportement au lieu de supposer sa signification, voire son intention. Nous n'avons pas de boule de cristal et la raison du comportement des autres nous échappe en grande partie.

Exercice n° 34 : Panser ses blessures

« Les blessures que l'homme se fait à lui-même guérissent difficilement. »

William Shakespeare

Nos réactions émotionnelles nous informent de nos blessures. En effet, lorsque nous réagissons émotionnellement à des critiques ou à des jugements négatifs, c'est souvent parce que ceux-ci font écho à nos propres blessures et aux jugements que nous portons sur nous-mêmes. L'exercice qui suit vous aidera à en prendre conscience.

Prenez un crayon, installez-vous confortablement et suivez les instructions.

1. Pensez au dernier jugement négatif que vous avez reçu.

Exemple : « Tu es égoïste ! »

....

....

....

2. Prenez quelques instants pour être à l'écoute de vos émotions, puis notez-les.

Exemple : « Je ressens de l'injustice et un peu de colère. »

....

....

....

....

3 Prenez conscience que si vous ressentez ces émotions, c'est parce que ce jugement fait écho à des jugements de même nature que vous portez sur vous.

Exemple : « Il m'arrive de trouver que je me comporte égoïstement et de culpabiliser ensuite. »

....

....

....

4 Comment vous sentiriez-vous si vous ne vous jugiez pas négativement vous-même ?

Exemple : « Je me sentirais libre. »

....

....

....

Commentaire

Depuis Carl Gustav Jung, nous savons que ce que nous n'acceptons pas chez nous constitue notre part d'ombre et que quand quelqu'un émet une critique à notre encontre, c'est comme s'il mettait un coup de projecteur sur ce que nous essayons de maintenir caché ; c'est pourquoi nous pouvons réagir violemment ou nous sentir blessé. Nous pouvons aussi, et c'est ce que nous propose ce retournement, rechercher ce qui est encore souffrant en nous (c'est-à-dire ce que nous préférons cacher pour nous protéger), puis travailler dessus.

Exercice n° 35 : Miroir, mon beau miroir

« Quand tout va mal, regarde-toi dans le miroir. »

Proverbe chinois

Lorsque l'on retourne le deuxième accord toltèque et que l'on prend tout personnellement, le monde qui nous entoure devient notre miroir. Il s'agit donc d'apprendre à décrypter dans les événements extérieurs le reflet de nos problématiques internes. Apprenez à écouter les signes que vous envoie l'Univers grâce à cet exercice.

Listez dans le tableau suivant différentes choses qui vous posent problème dans différents domaines de votre vie (personnel, professionnel, relationnel, spirituel...). Décrivez ensuite quel est le problème, ainsi que sa thématique. Puis indiquez par analogie comment ce problème parle de vous, en quoi il est un miroir de votre être. Enfin, envisagez la résolution du problème pour vous-même.

Secteur	Problème	Miroir	Solution analogique
Ma voiture.	*Elle a du mal à démarrer le matin.*	*Difficulté à me « mettre en route ».*	*Rechercher des motivations.*
Mon potager.	*Les graines ne veulent pas germer.*	*Difficulté à oser.*	*Faire des exercices d'enracinement.*

Secteur	Problème	Miroir	Solution analogique

Commentaire

Le reflet de nos problématiques peut correspondre à un phénomène de synchronicité (Jung définit la synchronicité comme « les coïncidences, qui ne sont pas rares, d'états de fait subjectifs et objectifs qui ne peuvent être expliqués de façon causale, tout au moins à l'aide de nos moyens actuels[1] ») ou relever de la pratique d'Ho'oponopono (un processus de développement personnel et spirituel d'origine hawaïenne) qui « affirme que nous sommes créateurs de nos vies et prône la responsabilité totale, car le monde extérieur est le reflet de notre monde intérieur[2]. »

1. *Les racines de la conscience*, Carl-Gustav Jung, 1954.
2. *50 exercices d'Ho'oponopono*, Virgile Stanislas Martin, Eyrolles, 2012.

CHAPITRE 7
PRATIQUE DE LA VOIE TOLTÈQUE

La voie toltèque ne se limite pas à l'adoption de nouveaux accords. Il s'agit d'une voie de libération personnelle dont le chemin passe par trois maîtrises : la maîtrise de l'attention, la maîtrise de la transformation et la maîtrise de l'intention.

La maîtrise de l'attention (appelée aussi « maîtrise de la conscience » ou « de la vérité ») consiste à prendre conscience de nos conditionnements et à percevoir le rêve dans lequel nous vivons (le rêve personnel et le rêve de la planète). La maîtrise de la transformation consiste à remettre en question les accords (croyances) que nous avons conclus – et qui nous limitent – pour adopter de nouveaux accords libérateurs (les accords toltèques) afin de changer le rêve de nos vies en reprogrammant notre mental. La maîtrise de l'intention (ou de l'amour, ou de la foi) consiste à nous libérer de notre parasite mental (Livre de la loi, Juge et Victime intérieurs). Ce faisant, nous devons passer du rêve de l'attention première (victime de nos conditionnements) au rêve de l'attention seconde (guerriers en quête de vérité engagés dans la transformation de leur rêve personnel) et pour finir au rêve de l'attention tierce (maîtres éveillés à leur vraie nature et libérés des conditionnements).

Exercice n° 36 : Respirer consciemment

« Rire souvent et beaucoup ; gagner le respect des hommes intelligents et l'affection des enfants ; savoir qu'un être a respiré plus aisément parce que vous avez vécu. C'est cela, avoir réussi sa vie. »

Ralph Waldo Emerson

La respiration est la porte d'entrée vers la méditation et la pleine conscience. Cet exercice va vous entraîner à la maîtriser.

Prenez un minuteur, ou activez une alarme programmée pour sonner à heure fixe. Lorsque l'alarme retentit, faites une pause et concentrez-vous sur votre respiration pendant quelques minutes : ressentez l'air passer dans vos narines et remplir vos poumons. Ne cherchez pas à modifier votre respiration, contentez-vous de l'observer. Puis répondez aux questions suivantes.

1. Détournez votre attention de vos pensées vers vos sensations : que ressentez-vous ?

....

....

....

....

....

....

2. Observez qu'au fur et à mesure que vous portez votre attention vers votre respiration, celle-ci devient plus ample, plus profonde et plus abdominale. Observez également que vos pensées tendent à se calmer. Après quelques minutes de respiration consciente, comment vous sentez-vous ?

Commentaire

Généralement, notre attention se porte en priorité sur nos pensées, puis sur nos émotions et enfin sur notre corps. Or, notre vraie nature est plus proche de ce que nous ressentons dans notre corps que de ce que nous pensons dans notre tête, car notre mental a été domestiqué tandis que notre corps est resté libre. Comme l'écrit le docteur Susan Gregg : « L'outil le plus puissant dont vous disposez pour renouer avec vous-même, c'est votre respiration[1]. »

1. *La sagesse de l'harmonie toltèque*, Susan Gregg, Ideo, 2013.

Exercice n° 37 : Transformer ses objectifs en intention

« J'ai l'intention d'être immortel et jusqu'à maintenant ça va très bien. »

Auteur inconnu

Nos objectifs ne sont souvent pas suffisamment connectés à nos aspirations profondes. Et dans ces cas-là, nous avons forcément du mal à les atteindre. Alors comment effectuer la reconnexion ? Cet exercice va vous le montrer.

Choisissez l'un de vos objectifs, puis répondez aux questions suivantes.

Exemple : « Je veux arrêter de fumer. »

....

....

....

1. Cherchez l'objectif de votre objectif, c'est-à-dire sa finalité. En quoi est-il important ? Qu'est-ce qu'il vous apportera ? Quoi d'autre ? Et quoi d'autre encore ?

Exemple : « C'est important pour ma santé et pour mon estime de moi. »

....

....

....

2 Quel genre de personne serez-vous devenu une fois votre objectif atteint ?

Exemple : « Une personne libre et indépendante, davantage sûre d'elle. »

....

....

....

....

3 Transformez votre objectif en intention.

Exemple : « J'ai l'intention de devenir libre et indépendant(e), plus sûr(e) de moi, de prendre soin de ma santé, de m'aimer d'avantage et accessoirement d'arrêter de fumer. »

....

....

....

....

....

4 Qu'est-ce que cette dernière formulation change par rapport à celle de votre objectif de départ ?

....

....

....

....

....

Commentaire

Nous avons l'habitude de nous fixer des objectifs du type « faire » ou « avoir », comme par exemple « écrire un livre » ou « changer de voiture ». Ce sont des objectifs quantitatifs, puisqu'il s'agit de faire ou d'avoir plus de quelque chose (ou moins de son opposé). Pour dynamiser un objectif, on peut le transformer en objectif « être » : quelle personne voulez-vous devenir ? Cela permet de porter sa conscience sur les enjeux, les motivations profondes et les finalités pour enfin déclarer son intention.

Exercice n° 38 : « Réveillez-vous[1] ! »

« Tout ce que nous voyons ou croyons n'est qu'un rêve dans un rêve. »

Edgar Allan Poe

Selon la perspective toltèque, la vie n'est qu'un rêve. Nous pensons être un personnage du rêve alors que nous sommes en fait le rêveur. « Il n'y qu'un seul être qui se manifeste sous des milliards de formes[2]. »

Il existe deux types de rêves :

- le rêve personnel que chacun pense vivre ;
- le rêve de la planète, constitué des projections des milliards de rêves personnels.

Et si vous essayiez de vous réveiller ?

1. *Vivre Lucide*, Tim Freke, Almora, 2013.
2. *Pratique de la voie toltèque*, Don Miguel Ruiz, Jouvence, 2010.

Pendant quelques instants, imaginez que vous soyez en train de rêver debout. S'offrent à vous trois options : explorer le rêve jusqu'au bout en étant inconscient que vous rêvez, tenter d'influencer consciemment le rêve, ou chercher à vous réveiller pour vivre votre vie. Quelle option choisissez-vous et pourquoi ?

....

....

....

Puis méditez la citation suivante de Woody Allen: « Et si rien n'existait et que nous étions tous dans le rêve de quelqu'un ? » Que vous inspire-t-elle ?

....

....

....

Commentaire

Notre éducation est un « processus de domestication » et « grâce à cette domestication, on apprend comment vivre et comment rêver[1]. »

1. *Les Quatre Accords toltèques*, Don Miguel Ruiz, Jouvence, 1999.

Exercice n° 39 : Dans quel monde choisir de vivre ?

« Qui a la même vision du monde à vingt ans qu'à cinquante a perdu trente ans de sa vie. »

Mohammed Ali

Le monde dans lequel nous vivons n'est pas objectif, mais totalement subjectif : il n'y a pas deux personnes qui vivent dans le même monde. Or, notre vision du monde détermine le type d'expériences que nous vivons. Et vous, dans quel monde souhaiteriez-vous vivre ?

Lisez les tableaux suivants, puis répondez aux questions.

Domination	***Dominion***
Opposition, conflit, lutte	Paix, partage
Concurrence	Coopération, collaboration
Comparaison (supérieur/inférieur, bon/mauvais)	Égalité, complémentarité
Jugement	Zéro jugement
Insécurité	Sécurité
Besoin de contrôler (autres, environnement, soi)	Lâcher-prise
Décisions basées sur la peur	Décisions basées sur l'amour
Rejet, exclusion	Acceptation, inclusion
Symbole : la ligne	Symbole : la sphère

Faute	Responsabilité
Réagir	Agir, choisir
Mal	Conséquence, résultat
Culpabilité, punition ou vengeance	Responsabilité
Besoin de se défendre, d'accuser ou de se plaindre	Pas besoin de se défendre
Impuissant, victime	Puissant

Importance personnelle	Pouvoir personnel
Ego	Compassion, spiritualité
Déconnecté de la source	Connecté à l'énergie créatrice
Jugement, comparaison	Pas de jugement
Besoin de reconnaissance	Estime de soi
Choix inconscients basés sur la peur	Choix conscients basés sur l'amour
Victime des croyances, illusion	Vérité

1. Dans quel monde choisissez-vous de vivre ?

....

....

....

2. Si vous viviez dans un monde basé sur le *dominion*, la responsabilité et le pouvoir personnel au quotidien, qu'est-ce que cela changerait dans votre vie ?

....

....

....

Commentaire

Notre chemin vers notre liberté personnelle dépend de notre vision du monde. Nous avons le choix entre deux visions du monde : celle de la domination, de la faute et de l'importance personnelle ou celle du *dominion*, de la responsabilité et du pouvoir personnel. Les Toltèques sont des guerriers qui cherchent à développer leur pouvoir personnel en prenant leurs responsabilités et en choisissant de vivre dans un monde gouverné par la notion de *dominion*.

Exercice n° 40 : Organiser une cérémonie

« Tout ce qui entrave cette liberté doit être rejeté, qu'il s'agisse d'un rite, d'une superstition ou d'un quelconque interdit. »

Richard Bach

Faire une cérémonie est un moyen de mettre de la conscience sur une décision, un choix, une demande. Bref, de sacraliser une intention. Mais comment en organiser une ? En faisant cet exercice, bien sûr !

Organisez une petite cérémonie personnelle en suivant les étapes ci-dessous.

1 Écrivez deux lettres :

- l'une sur les choses que vous voulez évacuer ;
- l'autre sur les choses que vous voulez créer.

2 Préparez ensuite une petite cérémonie, par exemple :

- choisissez un moment et un lieu où vous ne serez pas dérangé(e) ;
- allumez une bougie ;
- faites une petite prière ou méditation, ou simplement un temps de pause ;
- relisez vos lettres ;
- brûlez-les (en prenant toutes les dispositions de sécurité nécessaires) afin de confier vos demandes à l'univers ;
- faites à nouveau une petite prière ou méditation, ou simplement un temps de pause.

3 Qu'est-ce que cette petite cérémonie vous a apporté ? Notez vos ressentis :

....

....

....

....

....

Commentaire

Faire une cérémonie permet de transformer un simple exercice en transition de vie au travers d'un rituel thérapeutique. La dimension sacrée à laquelle renvoie la cérémonie lui donne encore plus de puissance et d'efficacité comparé à la seule écriture des lettres. Comme l'écrit le docteur Susan Gregg, « une cérémonie est un acte sacré qu'on accomplit avec l'intention d'entrer en contact avec la force créatrice de l'univers[1] ». Dans la tradition toltèque, les cérémonies sont autant de rites de passage.

Exercice n° 41 : Faire l'inventaire

« La reconnaissance est une dette que les enfants n'acceptent pas toujours à l'inventaire. »

Honoré de Balzac

Chaque événement que vous avez vécu et qui a porté une charge émotionnelle a laissé une empreinte sur vous, consciemment ou non, et vous a fait conclure des accords limitants. Et pour se libérer de ces accords limitants, il est nécessaire de les recenser. C'est ce que nous allons faire maintenant.

Faites la liste de tous les événements que vous avez vécus, petits ou grands, et qui sont chargés émotionnellement. (Vous aurez probablement besoin de feuilles supplémentaires mais vous pouvez commencer votre liste ci-dessous.) Puis répondez aux questions.

1. *La sagesse de l'harmonie toltèque*, Susan Gregg, Ideo, 2013.

Exemple : « Je me suis senti humilié à l'école parce que je ne savais pas ma récitation. »

....

....

....

....

1. À côté de chaque événement, vous pouvez noter le nom de la ou des personnes impliquées.

Exemple : « Mes camarades se sont moqués de moi. »

....

....

....

....

2. Ensuite, prenez conscience qu'à la suite de chacun de ces événements, vous avez pris une décision ou renforcé une croyance. Il s'agit d'autant d'accords limitants que vous avez contractés.

Exemple : « Je crois que ce jour-là, j'ai décidé d'éviter de parler en public et que cela a renforcé ma timidité. »

....

....

....

....

....

Commentaire

L'inventaire est la première étape d'un processus de libération appelé la « récapitulation » (à laquelle est consacré l'exercice n° 42). Il s'agit de répertorier tous les événements de notre vie ayant eu une charge émotionnelle pour après s'en libérer. En effet, un choc émotionnel, quelle que soit son importance, laisse une empreinte psycho-énergétique dans le corps et apporte ou confirme son lot de croyances. Pour le dire autrement, chaque choc émotionnel est l'occasion de conclure de nouveaux accords limitants ou de renforcer des accords déjà conclus. Il est donc important d'en prendre conscience, et c'est l'objet de cet inventaire.

Comme l'écrit Don Miguel Ruiz, « Le processus toltèque de l'inventaire est prévu pour vous permettre de recouvrer la totalité de vous-même. Tel que vous êtes actuellement, vous êtes incomplet. [...] En découvrant les souvenirs chargés d'émotions que recèle votre mental, vous réaliserez que bon nombre de vos croyances sont le reflet des émotions d'autrui[1]. »

Exercice n° 42 : La récapitulation

« La vie n'est pas mesurée par les respirations que l'on prend, mais par les moments qui vous coupent le souffle. »

Auteur inconnu

1. *Au-delà de la peur*, Don Miguel Ruiz, Jouvence, 2004.

Et si se libérer du poids du passé pouvait simplement tenir à une technique de respiration ? C'est ce que nous allons vérifier immédiatement.

Listez les relations ou situations douloureuses de votre vie, puis suivez les étapes ci-dessous.

....

....

....

Pour chaque relation, situation et événement de votre liste, effectuez le protocole suivant :

Faites une petite prière ou une méditation, selon vos croyances.

Respirez en insistant sur l'inspiration, afin de récupérer l'énergie que vous avez investie dans une relation/situation :

- Imaginez que vous récupérez votre énergie en l'aspirant avec une paille.
- Inspirez lentement par la bouche en effectuant un balayage horizontal de gauche à droite, puis expirez par le nez.
- Ressentez votre niveau d'énergie qui augmente.

Respirez en insistant sur l'expiration afin de vous libérer de l'énergie rattachée à cette relation/situation :

- Imaginez que vous rejetez toute cette énergie qui ne vous appartient pas comme si vous vouliez éteindre une bougie.
- Expirez lentement par la bouche en effectuant un balayage horizontal de droite à gauche, puis inspirez par le nez.

Commentaire

La récapitulation est une technique de nettoyage énergétique et de libération émotionnelle, composée de deux parties. La première partie de la technique consiste à se réapproprier l'énergie investie dans des personnes ou relations, tandis que la seconde partie nous libère d'énergies qui ne nous appartiennent pas. Cette technique est à utiliser pour toutes les situations et relations passées, mais aussi en cas de nécessité dans le présent.

Exercice n° 43 : L'histoire de votre vie

« La plupart d'entre nous vivons dans le cocon de notre personnalité – l'histoire inventée de qui nous sommes[1]. »

Steve Chandler

Nous ne pouvons pas modifier notre passé, mais nous pouvons le raconter autrement. Êtes-vous prêt à changer votre mythologie personnelle ? C'est ce que nous allons vérifier dans l'exercice suivant…

Racontez l'histoire de votre vie comme s'il s'agissait d'un scénario de film. Puis reprenez votre texte en le construisant de manière plus positive, et en racontant une fin heureuse.

1. *Reinventing Yourself*, Steve Chandler, Career Press, 2005.

1 Scénario de film

Exemple : « C'est l'histoire d'une femme qui collectionne les mauvais garçons tout en rêvant au prince charmant… »

....

....

....

....

2 Histoire positive

Exemple : « C'est l'histoire d'une femme très romantique, qui avait tellement d'amour à donner qu'elle essayait de sauver des mauvais garçons en voulant les transformer en princes charmants. Un jour, elle prit la décision de se respecter davantage et de choisir un compagnon qui l'aime et la respecte aussi. »

....

....

....

....

....

Commentaire

Le docteur Susan Gregg nous dit que « votre vie est fondée sur votre mythologie. Si vous êtes prêt à changer votre mythologie, votre vie changera de façon radicale. Le changement ne nous est rendu difficile que par notre attachement à notre propre histoire[1] ». En changeant l'histoire de notre vie, nous la transformons, tel est le secret de cet exercice qui reprend les principes de la thérapie narrative[2].

Exercice n° 44 : La traque

« Traquer un problème peut vous aider grandement à le résoudre. »

Docteur Susan Gregg

La voie toltèque est une voie de libération personnelle. Pour cela, il est nécessaire de résoudre nos problèmes plutôt que de continuer à les alimenter. La voie toltèque propose donc plusieurs outils, dont celui de la « traque ». Au lieu de chercher à résoudre nos problèmes, il est en effet possible de s'en libérer en « traquant » les émotions sous-jacentes.

Prévoyez une heure, installez-vous confortablement avec de quoi écrire à portée de main. Puis suivez les instructions suivantes.

1. Réfléchissez à un problème sur lequel vous voulez travailler.

2. Notez-le, et ce qu'il symbolise pour vous.

1. *La sagesse de l'harmonie toltèque*, Susan Gregg, Ideo, 2013.
2. *Qu'est-ce que l'approche narrative ?*, Alice Morgan, InterEditions, 2015.

3. Prenez quelques inspirations profondes, détendez-vous, puis focalisez-vous sur vos sensations.

4. Tout en pensant à votre difficulté, demandez-vous pourquoi vous avez ce problème. Ne cherchez pas de réponses intellectuelles. Soyez plutôt à l'écoute de vos sensations et de vos ressentis.

5. Prenez quelques inspirations profondes et demandez-vous quelle est la vraie nature du problème. Focalisez-vous à nouveau sur vos sensations et ressentis.

6. Suivez le fil de vos sensations, de vos émotions, de vos ressentis et de vos pensées, sans vous y accrocher. Soyez juste curieux(se) de voir où cela vous mène, tout en vous focalisant sur votre respiration.

7. Inspirez de l'amour et une énergie de guérison ; expirez les tensions et les émotions négatives. Laissez votre respiration « digérer » ce qui remonte, pour être libéré(e).

8. Prenez ensuite quelques minutes pour noter les prises de conscience concernant votre problématique de départ survenues au cours du processus.

Commentaire

La « traque » n'est pas sans rappeler le « Lying » proposé par Swami Prajnanpad. Il s'agit de suivre la sensation émotionnelle comme un fil d'Ariane. « Lorsque nous sommes reliés à nos sensations, nous percevons de manière intuitive la nature du problème, ce qui facilite sa résolution », nous explique le docteur Susan Gregg.

Exercice n° 45 : Transformer le passé

« Laissons le passé être le passé. »

Homère

Nous ne pouvons pas modifier le passé mais nous pouvons nous le représenter différemment.

Pensez à une difficulté à laquelle vous avez été confronté(e) récemment. (Pour cet exercice, vous éviterez de prendre « un gros dossier »). Puis suivez les étapes ci-dessous.

1. Décrivez cette difficulté en quelques mots, puis recherchez quel est l'accord qui n'a pas été respecté.

Exemple : « Lorsque j'ai vu Stéphanie rire avec Paul, je me suis senti mal. J'ai supposé (accord n° 3) qu'elle me trompait, ce qui a déclenché une crise de jalousie. »

....

....

....

2 Faites un petit « état séparateur » : pensez quelques instants à quelque chose de neutre, comme par exemple à la météo. Ensuite, concentrez-vous sur l'accord correspondant et revoyez la scène à partir de cette nouvelle perspective.

Exemple : « Je vois Stéphanie et Paul rire ensemble. Je ne fais aucune supposition (accord n° 3). Je suis content de voir Stéphanie rire. Je la trouve encore plus séduisante. Je me sens bien et j'ai envie de lui dire combien je l'aime. »

....

....

....

....

Commentaire

Il n'est certes pas possible de modifier le passé, mais nous pouvons le revisiter (en visualisation) à partir d'une perspective plus riche. Le ressenti émotionnel s'en trouve alors changé et l'expérience également. Ainsi, lorsque nous nous surprenons à réagir émotionnellement, nous pouvons prendre un temps d'arrêt pour nous demander quel est l'accord toltèque que nous n'avons pas respecté, puis revisiter la situation avec l'aide de cet accord.

Exercice n° 46 : Le message de votre vie

« Ma vie est mon message. »

Gandhi

Nous communiquons par ce que nous disons, mais également par notre exemple. Comme l'écrivent Don Miguel Ruiz et Don José Ruiz : « Avez-vous déjà remarqué que, depuis votre arrivée dans ce monde, vous n'avez cessé de délivrer un message[1] ? » Si votre vie jusqu'à présent était votre message, quel serait-il ?

Trouvez le message inspiré par votre vie passée, puis répondez aux questions suivantes.

Exemple : « Faites ce que je dis, mais pas ce que je fais. »

....

....

....

....

1 Quel message aimeriez-vous désormais faire passer ?

Exemple : « Suivez mon exemple. »

....

....

....

1. *Le Cinquième Accord toltèque*, Don Miguel Ruiz & Don José Ruiz, Guy Trédaniel, 2010.

....

....

2 Comment pouvez-vous ajuster votre vie pour la rendre plus fidèle au message que vous souhaitez transmettre ?

Exemple : « Incarner davantage mes valeurs. »

....

....

....

....

Commentaire

Comme disait le théoricien de la communication Paul Watzlawick, « on ne peut pas ne pas communiquer. » En effet, tout ce que nous faisons, y compris notre attitude, transmet en permanence un message au monde. Et nous n'en sommes pas toujours conscients. Par ailleurs, lorsque nos pensées et nos paroles sont en décalage avec nos actes, nous ne sommes pas congruents et cela peut entraîner un malaise chez notre interlocuteur, ainsi qu'une souffrance personnelle (on appelle cela le « phénomène de dissonance cognitive »). Pour être heureux, il convient donc de prendre quelques instants pour réaligner qui nous sommes avec ce que nous faisons au quotidien.

Exercice n° 47 : Quel messager êtes-vous ?

« Le langage de la vérité est simple. »

Sénèque

Le type de langage que nous utilisons définit le type de personne que nous sommes. Selon la voie toltèque, il existe trois types de langages, et donc trois types de messagers :

- **les victimes** parlent le langage du poison et de l'enfer, celui des rumeurs, des potins et des mensonges pour médire et se plaindre ;
- **les guerriers** parlent tantôt le langage du paradis, tantôt celui de l'enfer selon qu'ils disent la vérité ou des mensonges, ce qui dépend de leur niveau de conscience ;
- **les maîtres** parlent le langage de la vérité et expriment une parole impeccable.

Et vous, que genre de messager êtes-vous ?

En vous référant aux trois descriptions ci-dessus, indiquez le plus honnêtement possible dans quelle catégorie vous vous placez. Puis décrivez quel type de message vous aimeriez exprimer.

....

....

....

....

....

....

Commentaire

En fonction de notre niveau de conscience, nous allons utiliser un langage plus ou moins proche de la vérité. Cela définit le type de personne que nous sommes. La sagesse toltèque nous tire vers le haut en nous recommandant d'avoir une parole impeccable, car seule cette dernière véhicule l'amour et nous permet de grandir.

Exercice n° 48 : Traverser la chambre aux mille démons

« L'homme est son propre démon. »

Proverbe indien

La voie toltèque évoque un « parasite » constitué de notre Juge, de notre Victime et de notre Livre de la loi intérieurs. Et nous devons nous libérer de notre propre « parasite ». Cet exercice va vous montrer comment faire.

Lisez l'histoire suivante, puis répondez aux questions ci-dessous.

On raconte l'histoire d'une cérémonie bouddhiste ayant lieu tous les cent ans dans l'ancien Tibet, et qui offrait aux moines l'opportunité d'atteindre l'éveil. Les moines se réunissaient alors dans un lieu tenu secret dans les contreforts de l'Himalaya et avaient la possibilité d'atteindre un éveil instantané. Tout ce qu'ils avaient à faire était de traverser la chambre aux mille démons.

La rumeur disait que la pièce était remplie d'un millier de démons effroyables vous apparaissant sous la forme de vos plus grandes peurs : des serpents venimeux, des araignées géantes, un précipice vertigineux ou tout ce qui pouvait vous terroriser.

Les moines avaient le choix entre tenter leur chance ou attendre la prochaine occasion, c'est-à-dire cent ans plus tard. La plupart des moines assez courageux pour relever le défi n'en sortaient pas vivants, car ils mouraient paralysés par la peur. Avant de rentrer dans la chambre aux mille démons, chacun recevait toutefois deux règles et deux conseils :

- Règle 1 : Une fois entré, personne ne pourra venir vous sauver.
- Règle 2 : Il est impossible de ressortir par la porte d'entrée ; la seule issue est par la porte opposée.
- Conseil 1 : Rappelez-vous que tout ce que vous verrez dans la pièce n'est pas réel, mais une projection de votre esprit.
- Conseil 2 : Le seul moyen de sortir vivant de la pièce est de continuer d'avancer ; quoi qu'il arrive, gardez toujours vos pieds en mouvement.

La mauvaise nouvelle est qu'en naissant, vous avez accepté de rentrer dans la chambre aux mille démons : personne ne viendra vous sauver et il est impossible de faire demi-tour. La bonne nouvelle est que vous pouvez vous rappeler que vos peurs ne sont pas réelles et qu'il vous suffit de continuer d'avancer pour qu'elles disparaissent.

1 Quel est votre plus grand rêve aujourd'hui, et qu'est-ce qui vous empêche de le réaliser ?

....

....

....

....

2 Prenez conscience que ces obstacles ne sont que des constructions mentales. En y réfléchissant, vous trouverez de nombreux exemples de personnes qui ne se sont pas laissé arrêter dans des situations similaires ou pires.

3 Quel petit pas pourriez-vous faire pour « garder vos pieds en mouvement » ?

....

....

....

....

Commentaire

« Le parasite peut être comparé à un monstre à mille têtes. Chacune de ses têtes est l'une de nos peurs. Si on veut être libre, il faut le détruire[1] », écrivait Don Miguel Ruiz. Pour cela, il y a trois solutions :

- couper toutes les têtes en affrontant chacune de ses peurs ;
- arrêter de nourrir le monstre en contrôlant ses émotions ;
- vivre une mort symbolique au travers d'une cérémonie initiatique.

1. *Les Quatre Accords toltèques*, Don Miguel Ruiz, Jouvence, 1999.

Exercice n° 49 : Imaginer

« Imaginez que vous vous donnez soudain le droit d'être furieusement heureux. »

Alexandre Jardin

Et si vous adoptiez la « toltèque attitude » ?

Imaginez que vous mettez les accords toltèques en pratique et que vous vous en servez comme d'une boussole. En quoi votre vie sera-t-elle différente ?

....

....

....

Commentaire

Les accords toltèques peuvent non seulement nous aider dans les moments difficiles, mais aussi nous guider au quotidien. Avoir les accords toltèques à l'esprit et s'en servir comme point de repère nous aide à adopter la bonne attitude et facilite le choix de nos comportements. Considérez les accords toltèques comme une véritable boussole et servez-vous-en pour éviter de vous perdre, ou pour vous retrouver lorsque vous sentez que vous avez dévié de votre cap. Comment savoir si vous vous êtes trompé de chemin ? C'est simple : si vous vous êtes éloigné de vous-même, vous ressentez un mal-être ; au contraire, si vous êtes bien aligné avec qui vous êtes, vous vous sentez bien, en paix et joyeux.

Exercice n° 50 : Se libérer

« La liberté, c'est l'indépendance de la pensée. »

Épictète.

Avant d'adopter les accords toltèques, affranchissez-vous de vos anciens accords. Cet exercice va vous y aider.

Dans l'espace ci-dessous, rédigez votre « déclaration d'indépendance » par rapport à vos anciens accords.

Exemple :

« Je soussigné(e) .... déclare ce jour mon indépendance par rapport aux accords limitants que j'ai souscrits par le passé, afin de me libérer complètement de leur influence. À travers cette déclaration d'indépendance, je m'affranchis de tout ce qui limitait mon évolution. »

Fait à .... le .... Signature

....

....

....

....

....

....

....

....

....

....

Commentaire

Pendant notre enfance, nous avons été « domestiqués », ainsi que l'énonce Don Miguel Ruiz quand il écrit « Les enfants sont domestiqués comme les chiens, les chats ou tout autre animal. Pour instruire un chien, on le punit et on le récompense. » Cette domestication a visé à nous transmettre le « rêve de la planète » et à nous inculquer le Livre de la loi qui contient toutes les règles pour vivre dans notre société. Peu à peu, nous donnons notre accord à tout cela et nous en venons à nous auto-domestiquer en développant un gendarme intérieur, le Juge, qui va critiquer et culpabiliser notre Victime intérieure. Notre libération passe par l'affranchissement de ces accords que nous avons pris et qui nous maintiennent en Enfer.

★ Exercice Bonus : Prendre une décision

« La pire décision de toutes est celle que l'on n'a pas prise. »

Zig Ziglar[1]

Tout changement commence par une décision. Cet exercice va vous permettre de concrétiser votre décision de vous affranchir de vos anciens accords limitants pour adopter les accords toltèques et emprunter la voie de la libération personnelle.

1. Auteur, motivateur et conférencier américain.

Dans l'espace ci-dessous, dessinez un objet, symbole, ou personnage qui représente votre décision d'adopter les accords toltèques. Vous pouvez aussi utiliser une grande feuille et effectuer un collage.

Commentaire

Ce dessin sert de point d'ancrage à votre décision et vous permet de vous engager dans ce processus de libération que constitue la mise en œuvre des accords toltèques dans votre vie.

Trop souvent, nous prenons des décisions avec notre tête mais nous ne les faisons pas descendre dans notre corps ; elles stagnent au niveau cognitif et ne s'incarnent pas dans des actions. Faire un dessin qui représente une décision que nous venons de prendre est un moyen de mobiliser notre corps dans le processus de transformation. Par ailleurs, la représentation métaphorique de notre décision permet de mobiliser notre créativité ainsi que les ressources de notre subconscient.

CONCLUSION

« Considérez votre processus [de transformation] comme aussi crucial que le fait de respirer. »

Docteur Susan Gregg

La voie toltèque nous propose un chemin de libération personnelle, ainsi que des outils pour l'emprunter dans les meilleures conditions. Mais comme toute démarche spirituelle, la voie toltèque ne fait que montrer le chemin. Il appartient à chacun de l'emprunter, ou pas. Les exercices présentés dans ce livre ont été écrits pour vous aider dans votre apprentissage et votre cheminement. Certains exercices peuvent être pratiqués en continu, d'autres répétés plusieurs fois.

Il est important de garder à l'esprit les quatrième et cinquième accords toltèques (« Faites toujours de votre mieux » et « Soyez sceptique, mais sachez écouter ») dans votre pratique même : ne cherchez pas la perfection et ne prenez que ce qui vous convient dans cette approche.

« Rechercher la perfection de l'esprit du guerrier est la seule tâche digne de notre existence temporelle et de notre âge d'homme. » Carlos Castaneda

POUR ALLER PLUS LOIN...

Aubourg, L., Lecointre, O., *Manager avec les accords toltèques*, De Boeck, 2012

Clerc, O., *Le Don du Pardon : un cadeau toltèque de Don Miguel Ruiz*, Guy Trédaniel, 2010

Diederichs, G., *Toltèques, sur la voie de la guérison intérieure*, Larousse, 2015

Gregg, S., *La Sagesse de l'harmonie toltèque*, Idéo, 2013

Nelson, M.-C., *Prophéties toltèques de Don Miguel Ruiz*, Jouvence, 2005

Ras, P., *Les Fabuleux Pouvoirs des accords toltèques*, Jouvence, 2010

Ras, P., *Les Quatre Accords du bonheur*, Dangles, 2012

Ruiz, J., Hudman, T., *Mon Ami le serpent à sonnette*, Guy Trédaniel, 2015

Ruiz, M., Emrys, B., *L'Art de vivre et de mourir des toltèques*, Guy Trédaniel, 2015

Ruiz, M. Jr, *Les Cinq Niveaux d'attachement*, Guy Trédaniel, 2014

Ruiz, M. Jr., *Méditations quotidiennes sur la voie toltèque*, Guy Trédaniel, 2014

Ruiz, M., *Au-delà de la peur*, Jouvence, 2004

Ruiz, M., *La Maîtrise de l'amour*, Jouvence, 2009

Ruiz, M., *La Voix de la connaissance*, Guy Trédaniel, 2009

Ruiz, M., *Les Quatre Accords toltèques*, Jouvence, 1999

Ruiz, M., *Pratique de la voie toltèque*, Jouvence, 2010

Ruiz, M., Ruiz, J., *Le Cinquième Accord toltèque*, Guy Trédaniel, 2010

Ruiz, M., *S'ouvrir à l'amour et au bonheur*, Jouvence, 2010

Ruiz, J., Hudman, T., *Accordez-vous le paradis*, Guy Trédaniel, 2015

DANS LA MÊME COLLECTION

Philippe Auriol et Marie-Odile Vervisch,
- *50 exercices pour apprendre à s'engager.*
- *50 exercices pour s'affirmer.*
- *50 exercices pour changer de vie.*
- *50 exercices pour penser positif.*

Sophie et Laurence Benatar, *50 exercices de relooking.*

Laurence Benatar, *50 exercices de confiance en soi.*

France Brécard, *50 exercices pour savoir dire non.*

Christophe Carré,
- *50 exercices pour maîtriser l'art de la manipulation.*
- *50 exercices pour résoudre les conflits sans violence.*

Catherine Cudicio, *50 exercices de PNL.*

Joëlle Cuvilliez et Martine Medjber-Leignel, *50 exercices de rire.*

Hélène Dejean et Catherine Frugier, *50 exercices d'analyse transactionnelle.*

Émilie Devienne (sous la direction de), *50 exercices pour bien commencer l'année.*

Émilie Devienne, *50 exercices pour prendre la vie du bon côté.*

Gilles Diederichs,
- *50 exercices de chamanisme.*
- *50 exercices de spiritualité.*
- *50 exercices de zen.*

Laurie Hawkes, *50 exercices d'estime de soi.*

Bernadette Lamboy, *50 exercices pour être bien dans son corps.*

Laurence Levasseur,
- *50 exercices pour gérer son stress.*
- *50 exercices pour prendre la parole en public.*
- *50 exercices pour profiter du moment présent.*

Virgile Stanislas Martin,
- *50 exercices pour pratiquer la Loi d'Attraction.*
- *50 exercices pour convaincre.*
- *50 exercices d'Ho'oponopono.*

Sophie Mauvillé et Patrick Daniels, *50 exercices pour décrypter les gestes.*

Mireille Meyer, *50 exercices d'autohypnose.*

Paul-Henri Pion, *50 exercices pour lâcher prise.*

Géraldyne Prévot-Gigant,
- *50 exercices pour développer son charisme.*
- *50 exercices pour apprendre à méditer.*
- *50 exercices pour sortir de la dépendance affective.*
- *50 exercices pour sortir du célibat.*

Jacques Regard,
- *50 exercices pour ne plus subir les autres.*
- *50 exercices pour ne plus tout remettre au lendemain.*
- *50 exercices pour retrouver le bonheur.*

Jean-Philippe Vidal, *50 exercices pour mieux communiquer avec les autres.*

Dans la même série :

Guillaume Clapeau, *50 exercices pour survivre aux réunions de famille.*

Émilie Devienne, *50 exercices pour rater sa thérapie.*

Philippe Noyac, *50 exercices pour terrasser ses ennemis.*

Tonnie Soprano et Billie Alto, *50 exercices pour éduquer son homme.*

pca
cmb
édition pré-presse
livres numériques

44400 Rezé

Achevé d'imprimer en juin 2016 par Sepec
N° d'imprimeur : 02672160530
Dépôt légal : juin 2016
Imprimé en France

IMPRIM'VERT®

PEFC™ 10-31-1470 / Certifié PEFC / Ce produit est issu de forêts gérées durablement et de sources contrôlées. / pefc-france.org